東 TOKAI 海
自転車さんぽ

Sa n po

木村雄二
Yuji Kimura

風媒社

はじめに

自転車は大きく分けて2種類あると思います。
ひとつは買い物やお子さんの送迎などに使う軽快車（通称ママチャリ）、
もうひとつはスポーツ車です。
スポーツ車はさらに用途によってロードバイク、マウンテンバイク、
そしてアーバンモデル（といっていいのかな？）と分けることができます。
アーバンモデルはクロスバイクやミニヴェロといった自転車のことです。
これから自転車を楽しんでみようと思う方には
ロードバイクのような深い前傾姿勢を取らなくとも
上体が起きたリラックスポジションで乗ることができる
アーバンモデルをオススメします。
また、今まで軽快車しか乗ったことがない方は
走行性や機動性などの取り回しの容易さに驚かされることでしょう。
楽しみ方もロードバイクのように
舗装路を走り、目的地をめざすツーリングではなく、
自由気ままに目的地もなく自転車を楽しむ

ポタリングがアーバンモデルには向いていると思います。
しかし、いきなりポタリングといわれても…という方に対して
本書はこんな場所を走ったらおもしろいと思われる場所を紹介しています。
いわばミニ・ツーリングとでもいいましょうか。
前述した本来のポタリングとは多少異なりますが、
そこは白転車、好きなように走って楽しければいいと思っています。

本書が少しでも自転車が楽しめる
「きっかけづくり」になれば幸いです。

FCB
市民・自転車フォーラム
The Forum for citizens with bicycles
木村雄二

＊本書ではそれぞれの難易度基準を以下のアイコンで示しています。

大人	子ども	ママチャリ	難易度の基準
			ほどよい運動量で らくらく自転車散歩が楽しめる
			少しつらい箇所もあるけど 楽しく走ることができる
			頑張って走らなければならない でも充実感と達成感でいっぱい

大　　人／過去に自転車通勤(通学)を通算2年間くらい経験したことがある人
子 ど も／幼稚園から自転車に乗れ、普通に自転車で遊べる小学4年生男子
ママチャリ／多少な坂道があっても自転車に乗ってお買い物ができる普通の主婦

●子連れOK度…5段階評価　★が多いほどラク
●総合難易度…5段階評価　★が多いほどハード
●所要時間は立ち寄り、食事などの時間を含めます

東海自転車さんぽ【目次】

【名古屋の近代建築】

市街地をぐるりと回るだけで稀少な建物をたくさん発見できる

【名古屋】

「文化のみち」は見どころいっぱい

名古屋には素晴らしい近代建築が残っているのをご存じであろうか。まず名古屋市役所と愛知県庁の本庁舎は帝冠様式と呼ばれる昭和初期を代表する建築様式で、鉄筋コンクリート造りに瓦屋根を配した和洋折衷の建物。東京九段会館、神奈川県庁、京都市美術館なども同じ様式だ。市内で生活しているとそんなことは思いもしないが、よく考えてみると立派な観光資源になる可能性はあるかもしれない。そんな市役所から大津橋をわたって外堀通へ。この大津橋の下はその名の通り名古屋城の外堀。そして1976年まで名鉄瀬戸線が走っており、ここは大津町駅だった。橋の南西には当時のプラットホームへ下りる階段が残っている。そして不思議に思うのは、市政資料館南交差点に平行しているお堀の中の直角に近いコーナーを、電車はどのように曲がったのか、車両の長さから考えてみて未だによくわからない。

　名古屋市市政資料館は、正面内部の大きな階段と窓のステンドグラスが大聖堂のような荘厳さだ。映画・テレビ等のロケ、結婚式の写真撮りにも使われている。

◉スタート場所…名古屋市役所・愛知県庁
◉走行距離／所要時間…約21km／4時間30分
◉子連れOK度…★★★★
◉総合難易度……★★

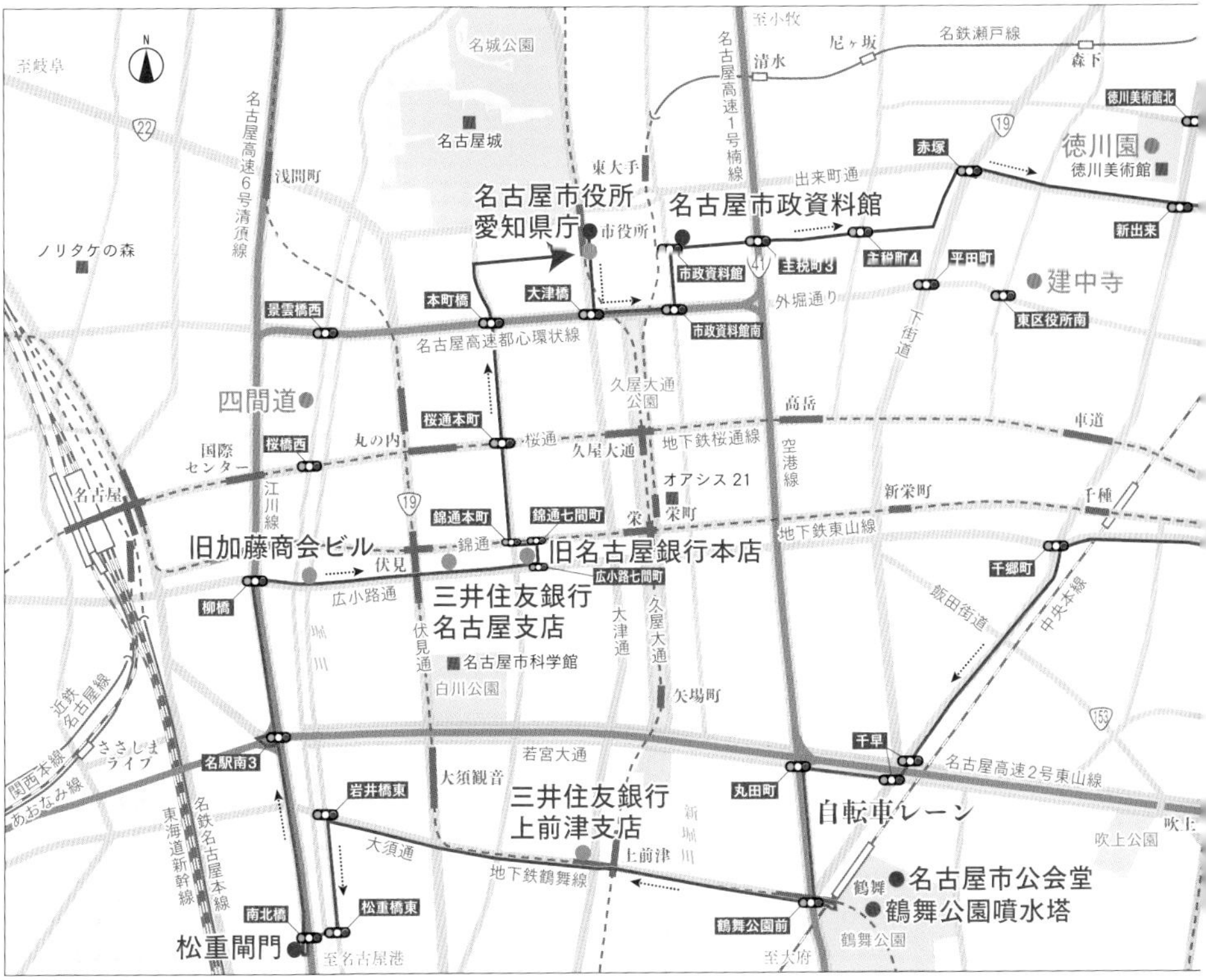

【コース】市役所・県庁→ 0.9km→市政資料館→ 4.7km→鍋屋上野浄水場→ 1.3km→東山給水場→ 0.6km→揚輝荘→ 0.9km→旧昭和塾堂→ 5.2km→鶴舞公園→ 1.2km→三井住友銀行上前津支店→ 1.8km→松重閘門→ 1.9km→旧加藤商会ビル→ 0.5km→三井住友銀行名古屋支店→ 0.5km→旧名古屋銀行本店→ 1.5km→市役所　（総長約 21km）

ここから東進すると「文化のみち」豊田佐助邸や川上貞奴《さだやっこ》邸などを望む。金城学院高校の榮光館や東海学園大講堂など希少な近代建築物が点在する。とくに筒井小学校は関東大震災後の震災復興建築の鉄筋コンクリート造の建物である。

赤塚から基幹バスレーンを走行する。この道路は全国でもあまり例がないバスレーンが中央にある道路。車両の通行帯の区分がきっちり決められていて、左端を通行しなければならない自転車は非常に走りづらい。道路交通法では、「自転車は、歩道と車道の区別のある道路では車道を通行しなければならない」とあるが、同第63条の3によれば、危険でやむを得ない場合は歩道を通行してもよいという。この道路に限っては歩道を走ることをオススメする。

谷口交差点の東北角の浄水場。事前に名古屋市水道局に連絡すれば場内に入ることができる。上水道の施設なので、セキュリティが厳しく、気が引き締まる。19世紀のイギリスで流行した重厚なク

❶名古屋市役所　昭和天皇の即位を記念して御大典事業の一般公募で設計して建てられた。名古屋城との調和を図った意匠で、当時の市庁舎としては最先端であり、一定の時代に造られた帝冠様式ではないともいわれる。

❷愛知県庁　国の重要文化財。名古屋城を鉄骨鉄筋の近代的建物に載せたような完璧な帝冠様式。名古屋市役所より5年後に建てられた。

❸名鉄大津橋駅跡　地下鉄名城線が市役所駅で終点だった頃、瀬戸方面へ向かう人通りが多かったが、大曽根駅まで延びた時点で人出は減った。

❹名古屋市市政資料館　赤レンガに白い花崗岩の組み合わせが美しいネオ・バロック様式。吹き抜けの中央階段の大理石の手摺は豪華でため息が出るほど。

❺基幹バスレーン　バスが道路の中央を走るので、バス停も車道の真ん中にあり、また通行区分も決められており、自転車は怖くて車道を走れない。

❻鍋屋上野浄水場第１ポンプ所　イギリスから輸入したレンガと縦長の窓回りの白い石材が美しい建物。水道水を東山給水場まで送るために1992年まで稼働していた。

イーン・アン様式で、ギリシャ・ローマ時代に起源を持つエンタシスの柱を駆使している意匠が興味深い。

末盛通を南下、といっても上り坂だが、登りきった右手が旧東山配水塔。すぐ先の信号を右折すると、松坂屋の初代社長伊藤次郎左衛門祐民《すけたみ》によって築かれた庭園「揚輝荘《ようきそう》」がある。完成時は三十数棟の建造物が建つ池泉回遊式庭園で、威容を誇っていたとされる。初めて訪れると、市内にこんな場所があるとは…と思うことだろう。南に向かうと山荘風の地下1階、地上3階の聴松閣《ちょうしょうかく》がある。入場料が

❼東山給水塔　高さ 35.85 m。1978 年まで配水塔として、1979 年から災害対策の給水塔として貯水されている。トンガリ屋根は 1983 年につけられた。

❽白雲橋　揚輝荘は北庭と南庭があり、北庭にあるこの橋は修学院離宮にある千歳橋を模しているそうだ。アオサギやシラサギも訪れるとのこと。

❾聴松閣　かつてあった迎賓館の有芳邸などとこの聴松閣とを結ぶ、総長 170m の地下トンネル入り口には、インド様式のレリーフがあり、ミステリアス。

❿旧昭和塾堂　西洋風の塔に左右は入り母屋という変わった様式の建物は「人づくりの殿堂」として建てられた。意匠は建築家「黒川紀章」の父黒川巳喜さん。

⓫名古屋市公会堂　直線基調だが、建物の角や窓枠、塔屋など曲線が用いられ、表現の力強さを優先するドイツ表現主義の建物は名古屋市建築課が設計。

必要だが、丁寧に説明してくれるのが印象に残る。そして城山八幡宮の第8駐車場入口近くにある旧昭和塾堂。傷みが激しいのが気になるが、通常は非公開で保存活用が望まれている。

鶴舞公園から納屋橋へ

広小路通を千郷町まで行き、左折して鶴舞公園へ向かう。名古屋市公会堂は昭和天皇のご成婚記念事業として計画されたロマネスク風の半円形窓を全体に配した一見おとなしめだが、凝ったデザイン。さらに古代ローマの円堂形式の噴水塔に正対する軸に造られた凝りようも素晴らしい。

西進して上前津に向かう。交差点の西北角の三井住友銀行上前津支店の柱に注目したい。花崗岩の外装にイオニア式の重厚感あふれる柱が印象的。

さらに堀川まで西進すると「松重閘門《こうもん》」。水位が異なる堀川と中川運河を結ぶには、船が閘門の水位を揃えてから堀扉を開いて船を通すパナマ運河方式。物流が水上から陸上に代わって尖塔は取り壊される予定だったらしいが、住民の反対で保存されたとのこと。

再び広小路通に戻り納屋橋へ。交差点角のかわいい建物は「旧加藤商会ビル」。タイの領事館になっていた時期もあったので、その関係かどうかはわからないが、現在はタイ料理「サイアムガーデン」となっている。その東にイオニア式6本の柱の三井住友銀行名古屋支店とコリント

⑫三井住友銀行上前津支店　特徴はコーナーが直角でなく、120度くらい開いていること。東京日本橋の三井本館と似ているのは米国の同じ設計者だからとのこと。

⑬中川運河松重閘門　役目を終えた塔は、閘門を区切る鉄扉を上下させるための釣り合いおもりを収容していたそうだ。ライトアップされた夜が美しい。

⑭旧加藤商会ビル　東南角のアールの部分が玄関で、道路から見ると3階建だが、堀川側から見ると地下室を見せた4階建。小さいが凝った意匠の建物。

式の溝柱が6本正面に建てられた旧東海銀行の前身「旧名古屋銀行本店ビル」は当時の銀行建築の双璧であろう。

近代建築と呼ばれている名古屋市内の建物は、大津橋の伊勢久《いせきゅう》株式会社本社ビルや名古屋市演劇練習館アクテノン（旧稲葉地配水塔・旧中村図書館）等、美しい建物がまだまだあるので機会があれば訪ねてみたい。

⑮三井住友銀行名古屋支店　現在も現役の銀行。正面が花崗岩で仕上げられた優美で壮麗な建物は現代的なまわりの建物にも遜色なく強い存在感を醸し出している。

⑯旧名古屋銀行本店ビル　歴史的建築物の本体と外観をそのままに保存・改修をして建物1棟をレストラン・結婚式場として活用し広小路活性化に寄与している。

⑰伊勢久本社・愛知県庁大津橋分室　左が伊勢久本社ビル。螺旋系の溝を切った4本の柱とその上のアーチ型の装飾が印象的。右の愛知県庁大津橋分室は玄関上部とバルコニーの装飾、右側の塔状階段室が特徴。

⑱【名古屋市演劇練習館アクテノン】
1937 年に稲葉地配水塔として建築され、途中で塔頂部の水槽を大きくし、それを支えるために古代ギリシヤ風の 16 本の柱が追加された。その後、大治浄水場ができたことで役目を終え、1965 年に中村図書館として生まれ変わった。1989 年に名古屋市都市景観重要建築物に指定されたが、手狭となり 1991 年に役割を終えた。同年、天野鎮雄さんが演劇の稽古場が少ないと市長に訴えて現在の演劇練習館となった。このような経緯からリノベーションの見本として建築業界から注目も集めている。

【水源地を探るパート1「植田川」】【名古屋】

小さな川の水源地まで行ってみる
ポタリングは大きな目的にもなる

◉スタート場所…天白区役所
◉走行距離／所要時間
…約21・3㎞／3時間30分（寄り道した場合）
◉子連れＯＫ度…★★★★（寄り道しない場合）
◉総合難易度……★

水源をめざして

名古屋市内の河川で自転車が安心してポタリングできる河川敷は矢田川、天白川、香流《かなれ》川くらいであろうか。本日は天気もいいので、娘を誘い、天白川を名古屋港まで走り、ブルーボネットまで行ってみようと思い、島田橋に向かった。天白区役所の東あたりに天白川と植田川が合流する地点がある。そういえば、この植田川はどこから流れているのだろう？と思い、急遽予定を変更する。

天白川は日進市の名古屋商科大学付近に「天白川」という小川沿いの遊歩道があることを知っていたので、おそらくこの辺だろうと想像がつく（おそらくであり、次回探検してみることにしよう）が、植田川は想像がつかない。今どきはグーグル・マップでたどってみればわかることだろうが、たとえわかったとしてもこの目で見てみたい気がする。時刻は13時。本流が天白川だから植田川のほうが総長も短いだろうと思い、さっそく水源地をたどってみることにする。

❶天白川であい公園　反対岸に天白区役所がある。天白川であい公園は処理施設を覆蓋し、美観の保持に力が注がれ、臭気や騒音などにも配慮されている。

【コース】［寄り道しない場合］天白区役所→ 4.1㎞→ぱん兄弟→ 3.1㎞→名東郵便局→ 2.5㎞→名古屋 IC をアンダーパスした場所→ 1.6㎞→水源地　（総長 11.3㎞）

［寄り道した場合］天白区役所→ 0.8㎞→天白川であい公園→ 1.8㎞→塩竈神社→ 1㎞→植田西交差点→ 1㎞→ヴィレッジヴァンガード→ 1.8㎞→ぱん兄弟→ 0.9㎞→ブランパン→ 3.1㎞→牧野ヶ池→ 3.5㎞→芝桜が咲いていた場所→ 1.7㎞→名東郵便局→ 1.1㎞→上社駅→ 0.8㎞→ヴェロ・ワークス→ 1㎞→名古屋 IC をアンダーパスした場所→ 1.6㎞→水源地→ 1.2㎞→名東温泉花しょうぶ　（総長 21.3㎞）

❸植田西付近　自転車で走行するには最高のコンディションの道路。左右の植物で風の影響も少ないことと思う。

❷天白川であい公園　画面奥が天白川。渡っている橋の下が植田川。２つの川が出会うので「であい公園」。芝生広場？ではバーベキューをしていた。

❺植田西付近　ゆったりと流れ、中洲もできている。歩車分離されていて走りやすい。

❹八事塩竈神社　戌の日の安産祈願と初宮詣（お宮参り）で多くの市民が参拝する。道路の幅員が狭く、しかも急坂の上にあるので、自転車はシンドイ。

❻植田西付近　ゆるい下り坂。塀の向こうは環境事業所だが、においは全く無い。

天白区役所を出発してすぐその名も天白川と植田川が出会う「天白川であい公園」。ここは名古屋市上下水道局の植田水処理センター。グラウンドやテニスコートもある公園だ。そして、ここが合流地点になる。公園の下というか、川沿いの芝生ではバーベキューを楽しむグループもいた。

コース沿いのお店めぐりも楽しい

右岸を走る。ジョギングやウオーキングしている人たちが多い。整備された道で走りやすい。名古屋市天白環境事業所で国道153号に突き当たり、左折し

❼ヴィレッジヴァンガード　開店当時はJAZZが流れるカオスな本屋で、店内にMGミゼットがディスプレイされ、雑貨が入り混じった独創的な店だった。

❽植田西付近　増水した際、急流を緩やかにするためかどうかはわからないが、数カ所このような構築物があった。

❾一本松付近　数人の小学生が川面をながめていたので、見てみると4匹の亀が石の上で甲羅干しをしていた。自然豊かな感じがした。

❿ぱん兄弟　ユニークなネーミングのパン屋さんでアイテムもたくさん。プライスも思ったよりリーズナブルで多くの人が訪れている。

⓫ブランパン　カフェスペースでモーニングやランチもいただける。ケーキ、タルトもファンが多い。栄店の他に名古屋大学構内にも店がある。

て塩釜口を左折する。案内看板があるので安産の神様「塩竈《しおがま》神社」へ。これがスゴイ傾斜の上り坂。押しチャリしました。娘にここでお宮参りしたと話しても知る由もなし。植田西交差点まで戻り、横断して今度は左岸を走る。左手の大坪小学校辺りを右折すると、1986年開店「ヴィレッジヴァンガード」1号店がある。当時は「わくわく本屋」という名称を前面に出していたことや、ココが1号店ということも知らない人が多いと思うが、とにかくガレージの中で、従来にな

⑫牧の原付近　国道 302 号に並行する間近の道。付近の方が植えたのであろう芝桜のマゼンダ色が遠くからでも目立った。こういった場所はなごむ。

⑬亀の井付近　一社公園脇で休憩。写真で見る限りきれいな場所に見えるが、事実きれいな場所だった。

⑭牧の原付近　道がないので、おそらく私有地かもしれないが、左手の樹木が美しいので、思わず立ち止まる。この先は一旦国道 302 号の側道になる。

⑮亀の井付近　町田公園の横を走り抜ける。味気ない風景の国道 302 号の 1 本西だけなのにこんなきれいな道があるなんてと思ってしまう。

⑯一社付近　護岸もきれいに整備され、人工的につくった川のようだ。大きくカーブして国道 302 号の下をくぐっていく。

⑰上社付近　国道 302 号を横断するための歩道橋。上部は名二環。まさに自動車本位の道路構造である。

⑱上社付近　名古屋高速道路の入口と側道と歩道。植田川は手前で右カーブして次は左へ曲がっている。

⑲上社付近　さらに右へカーブして地下鉄東山線の高架下を流れる。前方上部は上社駅。なぜかこの辺りは流れが早くなった。

い斬新なディスプレイと本のセレクトが楽しいのでよく通ったものだ。

焼山には「ぱん兄弟」というお店。ハード系パンをつくるお兄さんと、ソフトなパンをつくる弟さんが立ち上げたパン屋さん。さらに西へ坂道を上って行くと、もう他界してしまったフランス人のムッシュがつくったクロワッサンで有名な「ブランパン」がある。反対に東へ向かえば牧野ヶ池緑地だ。

一社公園あたりは気持ちいい散歩道

名古屋高速道路の高架をくぐると徐々に国道302号に接してくる。この辺りは幅員が狭く民家の脇を走っているような箇所もある。高針橋を過ぎると徐々に道路の状況が変わってくる。幅員こそ狭いが、お洒落な感じの道路になってくる。一社公園あたりは雰囲気がいい散歩道のようだ。しかし名東郵便局を過ぎたあたりからは一般の道路になってくる。植田川の幅員も随分と狭くなってきた。川が大きく右にカーブして国道302号の下をくぐっている。自転車は横断できないので右を見ると横断歩道橋がある。歩道橋上から見ると名古屋環状2号線の上社インター。違った角度から眺めると、まるで知らない場所のように見える。また植田川も大きくカーブしている。何か人工的に無理やり曲げたようにも感じられる。途中小さな支流や雨水を流す配管が見えていたが、実はそちらが本来の流れのような気もした。そして川は地下鉄東山線の高架下を流れる。本郷駅の手前を左に寄り道。市民・自転車フォーラムの副理事長の店「ヴェロ・ワークス」で娘の自転車のブレーキの調整をしてもらった。プロショップなのにママチャリまで親切にキッチリ診てくれる地域密着の店だ。

本郷の交差点を渡り、東名高速道路に沿って進み、アンダースルーして反対側に出る。もう用水路のようだが、橋の銘板に「植田川」としっかり書かれている。ちょっと先に「準用河川植田川」の表示。調べてみると一級河川及び二級河川以外の「法定外河川」のうち、市町村長が指定し管理する河川のことらしい。

　東名高速道路の高架をくぐると、川がなくなった。左手に池がある。どうやらここが水源地に違いない。何か感慨深いものを感じる。満足感いっぱいの3時間であった。

⑳ヴェロ・ワークス　本郷駅の次の信号角にあり、娘の自転車のチェーンのたるみと前輪のブレーキ調整をしてもらった。さっきまでと全く違う感じ…と娘。

㉑姫若町　東名高速道路名古屋インターチェンジ料金所の下を横断していつも車から見ている「一条工務店」あたりから高速道路に沿って流れる。

㉒姫若町　ここで、植田川が「準用河川」と知る。意味がわからなかったが、娘がすぐに教えてくれた。ランプウェイのアールの大きさが実感できた。

㉓長久手市市が洞付近　左手の池が水源と予想するが、横断できないので信号まで進む。右手は猪高緑地。

㉔ゴール　池には植田川という表示も池の名前もなかったが、もうここしかあり得ないということでゴールの記念撮影。

【column】改正道交法では自転車も処罰対象になる

自転車は車両

自転車は道路交通法上では車やバイクなどと同じ「車両」の一種である「軽車両」に分類されている。道路交通法第17条によると、「車両は、（中略）車道を通行しなければならない」と定められているので、自動車と同じように車道を通行するのが正しいルール。

●原則は車道を通行（通行する際は自動車と同じく左側通行）
●車道に「自転車レーン」がある場合は自転車レーンを通行
●「自転車道」がある場合は自転車道を通行

自転車が歩道を通行できる条件

① 歩道に自転車の「歩道通行可」の標識がある場合
② 運転者が13歳未満、もしくは70歳以上の場合
③ 運転者が安全に車道を通行できない程度の身体の障害を有する場合
④ 安全のためにやむを得ない場合
・車道が狭く、車の横を通行するのが困難な場合
・自動車の交通量が著しく多い場合
・車道に路上駐車車両があり、車道が狭くなっている場合
・道路工事で車道の左側通行が困難な場合
・あおり運転や幅寄せなどの危険運転をする車がある場合

違反した場合は…

2015年6月1日から自転車による違反者を対象とした「自転車運転者講習制度」が始まっている。例えば、本来自転車が走るべきでない場所を走る「通行区分違反」をはじめ、信号無視、酒酔い運転などの違反、もしくは交通事故を3年以内に2回以上繰り返した場合には「自転車運転者講習」を受けることが義務付けられた。

自転車レーンを走行して帰宅するツーキニスト（通勤するサイクリストという意味で自転車活用推進研究会の疋田智氏が考案した言葉）

自転車の正しい走行方法

〈車道〉

① 車と同じく左側通行
② 常に左側の端に寄って通行する
③右折をするときには「二段階右折」をする
＊自転車による車道の逆走は危険行為の1つである「通行区分違反」として取締りの対象で3カ月以下の懲役もしくは5万円以下の罰金

〈自転車レーン〉自転車専用の路面表示や道路標識がある場合

① 車道ではなく自転車レーンを通行しなければならない
② 自転車レーンは歩行者やバイクは通行できない
③ 13歳未満の子どもや70歳以上の高齢者は歩道を通行しても良い
＊紛らわしいものとして、道路に自転車のイラストや青い矢印が連続した表示があるが、あくまで「自転車が走る場所」という目安で、自転車専用のスペースというわけではない。

〈路側帯〉

① 歩行者の通行を妨げない速度を守る
② 車道の左側にある路側帯を走る（左側通行）
＊路側帯とは、歩道が設けられていない道路の左側に白い線（白線は1本）で区切られた部分
＊車道の左側が2本の白線で区切られた「歩行者専用路側帯」は歩行者のための道路で、自転車は通行できない。

〈歩道〉

① 歩道の車道寄り（歩道の中央より右側）を、いつでも止まれる速度で徐行する
② 歩行者の妨害になるときは、一時停止するか、一旦自転車を降りて自転車を押して通行する
自転車同士がすれ違う場合は、相手の自転車を右に見ながら（左側通行）すれ違う

【水源地を探るパート2「香流川」】

川沿いのサイクリングロードから童心に戻って冒険してみよう

【名古屋】

◉スタート場所…アピタ千代田橋店
◉走行距離／所要時間…約20㎞／4時間30分
◉子連れOK度…★★
◉総合難易度……★★

香流川をさかのぼる

水源地を探るポタリングにすっかりハマってしまった。何よりも起伏がほとんどなく、風も景色ものどかで気持ちが良い。

でも本当は緩やかに上っていることが、自転車だとわかる。同じ道を川下に向かうと所要時間がほんの少しだけ短く、楽ちんである。ということはさておき、水源地まで行くというモチベーションを持てばテンションが上がることはまちがい

❶合流地　左が矢田川、右が香流川。ここから堤防につくられた香流川サイクリングロード？がスタートする。まずは左岸につくられている。

❷猪子石環境事業所　千種・東・北・西・中・守山・名東区の可燃ごみ処理場だが、匂いはない。ここの燃焼熱を利用した香流橋プールがすぐ北にある。

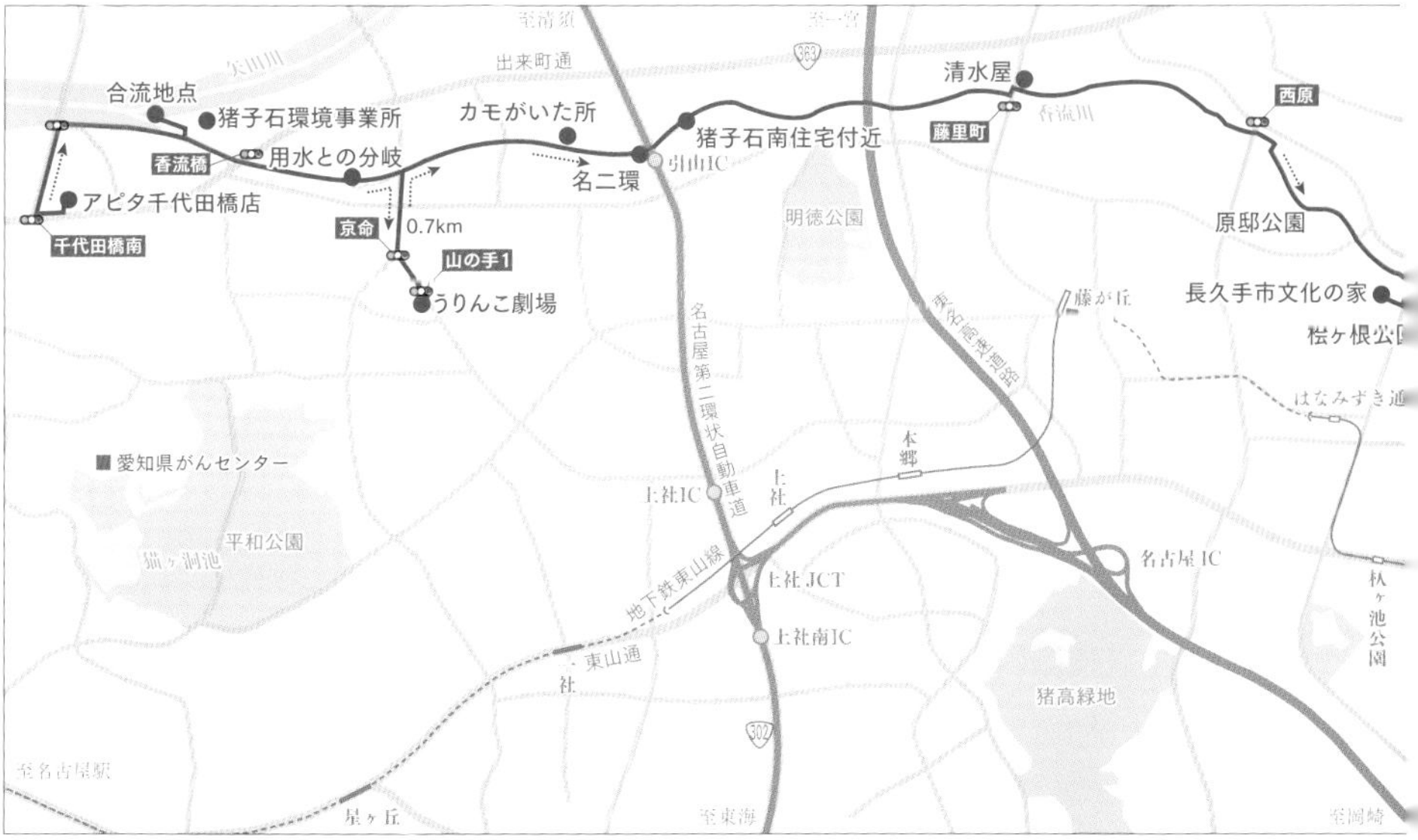

【コース】アピタ千代田橋店→ 1.2km→合流地→ 1.1km→用水路との分岐→ 0.8km→うりんこ劇場→ 1.5km→カモがいた場所（引山小学校付近）→ 0.3km→名二環→ 0.4km→藤の木団地→ 0.4km→清水屋→ 1.7km→原邸公園→ 0.3km→長久手市文化の家→ 0.3km→桜ヶ根公園→ 1.8km→長久手古戦場→ 1.3km→トヨタ博物館→ 2.6km→長久手市東島付近→ 0.9km→卯月堂→ 0.5km→あぐりん村・ござらっせ→ 0.8km→長久手市志水付近→ 1.3km→ IKEA → 1.3km→愛・地球博記念公園西口→ 1.3km→香流川砂防公園　（総長 19.8km）

ない。誰かに「小学生みたいなことをやってるなぁ」とも言われたが、童心に戻れて楽しめるのも自転車の魅力のひとつだと思う。

多治見方面から流れる庄内川はその支流に矢田川があり、庄内緑地で2つの川は合流する。

昔は陶器の産地から流れる瀬戸川と赤津川が合流した矢田川は茶色く濁った川水のイメージが強かったが、今はきれいな川水

❹うりんこ劇場　「地域の文化センター」的な存在で共催の企画をしたり、演劇、コンサート、人形劇など、さまざまな催しもおこなわれている。

❸分岐　名東区京命付近から流れる用水路と合流する。道なりに進めば香流川。右岸も車道と分離されているので、散歩する人がやや多い。

❺カモ　引山小学校前あたりで見かけたカモ。合計 7 羽くらいが悠々と泳いでいた。釣り人もパラパラいたので、魚がいることはまちがいない。

❻引山手前　右岸には桜がずっと続いている、並行する車道側は枝が切ってあり、自歩道側を覆うように枝が伸びているのが美しい。

❼猪子石南住宅　右岸を走行。この先東名高速道路高架手前で遊歩道はなくなるが、高架手前の橋を渡り､左岸に出れば遊歩道は続く。

❽名二環　名二環と国道 302 号の高架で、ちょうど引山 IC の場所であろう。このあたりは右岸、左岸とも整備されており、違った雰囲気で走られる。

❾清水屋　藤が丘駅から延びている道と接するひと昔のランドマーク的存在の店舗。現在は Max Valu といっしょとなっている。

❿原邸公園　長久手市立「北小学校」から「香流川」を挟んで南側に整備されている比較的大きな公園で、芝生などが整備されており、きれい。

となっている。
安心して自転車で走行できる市内のサイクリングロードは、矢田川の河川敷と香流川の堤防のサイクリングロード。矢田川は河川敷を走るだけなら気持ちがいいが、移りゆく風景が実感できないということで、香流川の水源地まで行ってみることにする。道路は歩行者と自転車しか通行できないので安心して走られるし、停めることもできる。左岸を走行しているとすぐに分岐があるが、道なりに進めばよい。カモが3羽泳いでいた。市内で悠々としている姿は今どき珍しいかもしれない。途中から右岸を走る。桜の枝が道路を覆うように連続している。満開のときはトンネルのように咲いて美しいだろう。名二環の高架下を抜けると、川の護岸がきっちりと整備されている。位置的には守山区森孝あたりであろう。この辺りは専用道路ではなく、車も走行可能だが、通行量は少ないので、安心だ。歩行者は河川敷を通行していた。見慣れた建物が見えてきた。「清水屋」さんだ。初めて道沿いの商業施設に遭遇した。路面状況がいきなり悪くなってきたので、進行を左岸に変更すると、すぐにきれいな公園があった。ここで少し休憩する。芝が敷き詰められた小さな山で親子連れが遊んでいる。

大きくて立派な木が見えてきた。右手には長久手市文化の家。図書館通りというお洒落な名称の道路沿いにある建物だ。横断するとすぐ桧ヶ根公園。階段越しに長久手市中央図書館が見える。絵になる風景だ。ここまでほんの少ししか走っていないように感じるのは快適な道路なの

⑪長久手市文化の家　走行していると川沿いの大きな樹木が目立つ。フランスで起こった文化発信運動「文化の家運動」に因んで命名されたそうだ。

⑫長久手市文化の家　3つのホールがあり、演劇やコンサート、美術展や映像鑑賞会のほか、アートリビング施設や、会議室、レストランなどを備えた総合施設。

⑬桧ヶ根公園　中央図書館に隣接し、美しい噴水や多目的広場のある緑の多い公園。中央に見える塔が図書館。

⓮長久手古戦場　信長亡き後、秀吉と家康・信雄連合軍が激しい戦闘をした。家康が勝利したが、秀吉は信雄と和睦。信長の後継者としての地位を確立した。

かなと思う。

古戦場を見学し、田園の遊歩道へ

確か長久手古戦場が近いので、寄り道することにする。どこかで右に回れば着くだろうと動物的勘?・で進む。イオンスタイル長久手らしきものが見えてきた。その向かいが古戦場公園だ。それよりもリニモの「長久手古戦場前」駅とイオンが直接つながっているという、今ではよくあるスタイルだが、古めかしい駅名とのギャップを感じてひとり苦笑した。

ついでだからトヨタ博物館まで行ったが、休館していたので再び香流川まで戻る。とにかく川沿いの道を走行して水源地を見つけるのが目的なので、戻るのも川を見つければいいのだから簡単だ。でもここからは集落の中を走る。ちょっと今までとは景色も感覚も勝手が違うが、それはそれで楽しい。

⓯長久手古戦場駅　グリーンロードの上を走るリニモの駅から直接イオンに行くことができる。約10分間隔で走っているような感じだ。

集落を抜けるとほんの少し県道を走行して熊張真行田交差点。小さな橋の手前に川に沿った道がある。簡易舗装はされているが、今までと少し違う道路。「ござらっせ」が見えてきたが、道はここで切れてしまう。向かうには狭い県道の右側を少し走らなければならないし、川沿いの道も左岸にしか道がないので、横断するにも危険。コースの中で最も危険な箇所だ。とりあえず、目の前にある「あぐりん村」でランチ休憩することにした。

この先は田園の中のきれいな遊歩道。ここは愛・地球博開催当時、私たち(市民・自転車フォーラム)が藤が丘でレンタサイクル事業をしていて会場までのモデルコースにしたところで、長久手町(当時)が整備してくれた道だ。当時と同じく観覧車がはっきり見られる。異なるのはIKEAができたくらいだ。

グリーンロードを横断すると川沿いの道はなくなる。しかし香流川は左手に確認できるので、並行する県道を走行。確認するため左に入ると、そこは香流川砂防公園。小さな小川の先に池があるので、ここを水源地としよう。この先にもほんの少し続くようだが、私有地なので断念した。

⑰トヨタ博物館　世界のクルマの博物館。19 世紀から現在までの日米欧の代表的な車両約 140 台、クルマにまつわる文化資料約 4000 点を紹介。

⑱長久手東島　長久手の古い町であろう。役場もこのあたりにあるし、長久手の戦いの首塚もこのあたりにある。香流川本来の姿を感じる。

⑲あぐりん村　農産物直売所で「地域性、旬、希少性」にこだわった、スーパーより品質の高い商品が揃う店として認知されている。レストランもある。

⑳長久手市真行田　おそらく香流川本来の堤防の形が残っているところと勝手に思い込んでいるのがこのあたり。この先県道 233 号との交差は信号もなく要注意。

㉑長久手市志水　真行田の堤防道路の幅員を広くし、路面をきれいにした快適な道。視界も大きく広がり、所々にベンチもあり、お弁当を食べるには最適かも。

㉒長久手市志水　個人的に一番気に入ってる場所。童謡に出てくるような風景であり、郊外の農村というイメージ。すごく懐かしい気がする。

【桶狭間への道】

信仰深かった信長は桶狭間までに三カ所で戦勝祈願した？

【名古屋】

◉スタート場所…志賀公園
◉走行距離／所要時間…約17㎞／2時間30分
◉子連れOK度…★★★
◉総合難易度……★

織田家の家督争いの舞台・稲生原

郷土の三英傑の1人、織田信長が吉法師と呼ばれた幼少時代は奇行が多く、うつけ者といわれていたのはご存じであろう。そのうつけ者の守役が平手政秀。信長の初陣の後見役や織田家の長年の抗争相手だった岐阜の斎藤道三との和睦を図り、その娘帰蝶（濃姫）との縁談も取り計らったとされる。しかし、その後も実直でない信長の様に耐えられず、自分の死で諌めるため自刃したらしい。その政秀の屋敷跡が志賀公園にある。残念ながら石碑だけだが、このあたりの豪族であり、かなりの豪邸だったらしい。地名が「平手町」というのも何だかうなずける。ということを隣町の水草町に住んでいる高校の後輩K君に聞いたら「知らない」という。それならこの近くで郷土の英雄の足跡を辿ってみようと、朝から自転車散歩することにした。

政秀の屋敷跡から西へ7～8分。父信秀亡き後、織田家の家督争いが始まる。弟の信行（信勝とも）と対

❶平手政秀邸跡　志賀公園グラウンド北にひっそりとある。NHK大河ドラマ「麒麟がくる」で初めて知るぐらいの方が多いと思うが、織田信秀・信長親子に仕えた重臣。

❷西部医療センター　志賀公園すぐ西の市立病院で、エリアの主軸病院。特に陽子線治療は全国的に少ないらしい。きれいな病院との評判が高い。

【コース】平手政秀邸跡（志賀公園）→1.9㎞→稲生原古戦場→3.2㎞→榎白山神社→0.8㎞→丹羽長秀邸→2.8㎞→五条橋→2.4㎞→ひもの食堂→1.1㎞→小林城跡（矢場町）→0.4㎞→万松寺→0.9㎞→日置神社→3.5㎞→熱田神宮　（総長17㎞）

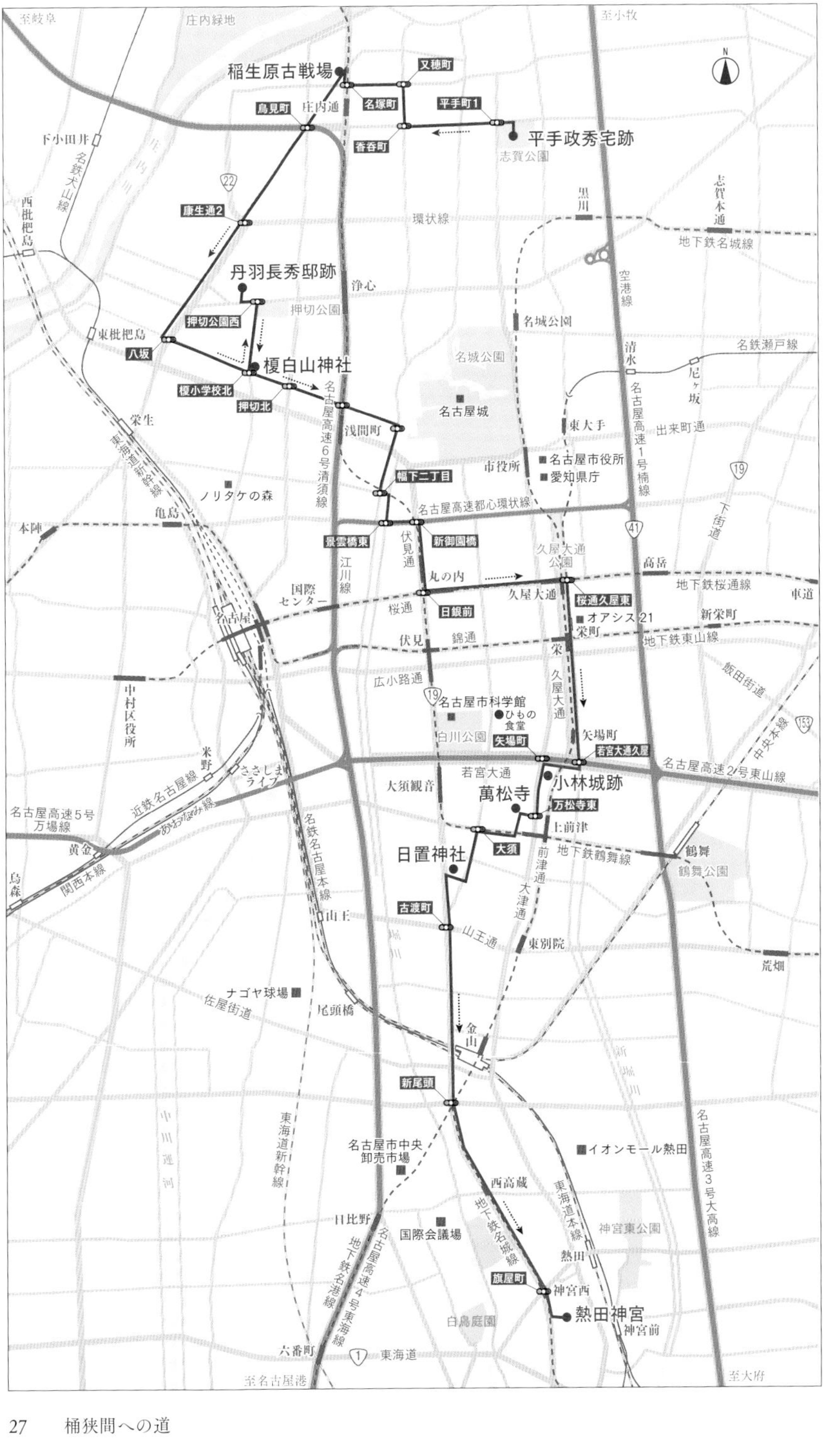
至岐阜
庄内緑地
至小牧
稲生原古戦場
又穂町
名塚町
平手町1
鳥見町
庄内通
香呑町
平手政秀宅跡
志賀公園
下小田井
名鉄犬山線
庄内川
22
西枇杷島
康生通2
環状線
黒川
志賀本通
地下鉄名城線
丹羽長秀邸跡
浄心
押切公園
押切公園西
空港線
東枇杷島
名城公園
八坂
榎白山神社
名城公園
清水
名鉄瀬戸線
榎小学校北
押切北
名古屋高速6号清須線
尼ヶ坂
名古屋城
名古屋高速1号楠線
栄生
浅間町
東大手
出来町通
東海道新幹線
名古屋市役所
市役所
愛知県庁
幅下二丁目
19
ノリタケの森
名古屋高速都心環状線
下街道
本陣
亀島
41
景雲橋東
新御園橋
伏見通
久屋大通公園
江川線
高岳
丸の内
地下鉄桜通線
国際センター
久屋大通
桜通久屋東
車道
名古屋
桜通
日銀前
オアシス21
新栄町
栄町
伏見
錦通
地下鉄東山線
栄
飯田街道
中村区役所
広小路通
久屋大通
19
名古屋市科学館
ひもの食堂
白川公園
矢場町
中央本線
153
米野
矢場町
若宮大通久屋
ささしまライブ
若宮大通
名古屋高速2号東山線
近鉄名古屋線
大須観音
小林城跡
萬松寺
万松寺東
名古屋高速5号万場線
あおなみ線
名鉄名古屋本線
上前津
日置神社
大須
地下鉄鶴舞線
鶴舞
黄金
前津通
鶴舞公園
烏森
関西本線
大津通
古渡町
山王
山王通
東別院
堀川
荒畑
ナゴヤ球場
佐屋街道
尾頭橋
金山
新堀川
新尾頭
中川運河
東海道新幹線
名古屋市中央卸売市場
イオンモール熱田
西高蔵
東海道本線
名古屋高速3号大高線
日比野
国際会議場
地下鉄名城線
神宮東公園
地下鉄名港線
名古屋高速4号東海線
熱田
旗屋町
神宮西
熱田神宮
白鳥庭園
神宮前
六番町
1
東海道
至名古屋港
至大府

❸やみつき　元大関琴光喜さんがオーナー？の焼肉家さん。「家＝や」と「みつき」をもじって「やみつき」。店前の自販機にも表示されている。場所は西部医療センターから少し西へ行った所

❹稲生原古戦場　織田信長と弟信行との兄弟対決の戦場。この時敗れた信行側についていた柴田勝家らは、これ以降信長に忠誠を誓ったという。

戦した場所が稲生原《いのうがはら》。信長が大声で怒鳴ると敵方の兵は逃げたとの話がある。身内同士の争いだから兵はテンションも上がらず、命を惜しんだかもしれないと想像でき、まんざら大げさな話でもないような気がする。

❺庄内用水　1570年くらいから開削されたというから、ちょうど信長が活躍していた頃だ。用水の支川に江川、稲葉地などの名称がある。

稲生原古戦場のすぐ西の庄内用水に沿って南下（正確には南西）する。名古屋高速道路高架下の鳥見町交差点（鳩3羽と女性の平和の像がある）を渡り、再び用水に沿って康生通り2交差点で国道22号を横断したいのだが、渡れないので歩道橋を渡る。国道22号は、康生通り2、上更、三の丸一丁目、桜通伏見と4カ所で自転車の横断はできないし、車道は恐怖満載なので歩道を走行しよう。今回は庄内用水の側道から美濃路に入る。美濃路は東海道「宮宿」と中山道「垂井宿」を結ぶルートで、東国から京都へ行く場合、宮から桑名までの海路は馬で往来できないため美濃路を利用したといわれる。

必勝祈願ゆかりの地へ

桶狭間の戦いに臨み、戦勝祈願した榎白山神社は清須に近く、熱田神宮より先に訪れることになる。名古屋市西区史跡散策路には、織田信長は1560年（永禄3）、勝利祈願に太刀一口を寄贈したとある。その榎白山神社から少し北方向に寄り道すると丹羽長秀の屋敷跡（といっても石碑だけ）がある。場所が非常にわかりづらい。石碑のそばに立派な表門がある。年代的には少し後になるが、「旧志水家車寄と風信邸」とあり、江戸時代の建築であると書かれている。存在感いっぱいで、これも観てほしい。

堀川沿いを走行し、五条橋、四間道、本町通りから矢場町に向かう。名古屋めしの代表格「矢場とん」の向かいに小林

❽榎白山神社　「予は伴天連らの教えと予の心はなんら異ならぬことを白山権現の名において汝らに誓う」と、信長は白山権現の名にかけてちかったという。

❼美濃路　このあたりは明道町の菓子問屋街。クッピーラムネのカクダイやマルカワガムなど、駄菓子を製造している工場・会社がある。

❻庄内用水　平和の像がある鳥見町交差点で一旦途切れるが、視界の先に連続しているのがわかるので安心。

❿榎白山神社　賽銭箱の横に置いてあった「信長攻略MAP」。まさに今から向かおうと思っているコースマップだが、今日は桶狭間まではやめよう。

❾榎白山神社　馬についている紋は賽銭箱と同じなので神社の紋かと思う。撮り忘れたが、向かいにある鰻屋さんはリーズナブルで美味いとのこと。

⓬旧志水家車寄せ　もと名古屋城三之丸にあった尾張藩家老の志水甲斐守屋敷玄関車寄せ部を譲り受け、本宅の表門として移築改造したもの。

⓫丹羽長秀邸址
丹羽長秀五郎左衛門が本名。織田の家臣の中では、「木綿藤吉、米五郎左、掛かれ柴田に、退き佐久間」といわれ、米のように必要な人だった。

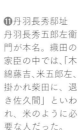

城跡がある。現在は矢場地蔵尊清浄寺となっているが、信長の妹「おとくの方」が在城。美人であったらしく「小林殿」と呼ばれていた。「お市の方」といい、織田家は美人が多い。というより、調べてみたら父信秀には女子が15名ほどいた。

大須といえば萬松寺だ。父の葬儀に茶筅髷、荒縄の帯に太刀で現れ、仏前の位牌に抹香を手づかみで投げつけたといわれる「抹香投げつけ」と「敦盛を舞う」信長のからくりを本堂で見ることができる。

そして戦勝祈願に敦盛を舞ったとされる神社が日置神社。仏壇屋さんが多くなる通称仏壇通りと伏見通りの間にある神社で、軍勢の集結を待って熱田へ向かったという。

そして、ゴールの熱田神宮へ伏見通（国道19号）を走行するが、広い歩道に視覚分離された自転車・歩行者道（自歩道）は人通りも少なく、快適に走行できる。2007年7月施行の自転車安全利用五原則では「自転車は車道が原則」なのだが、道路標識や道路標示されている例外に当てはまるし、2017年5月に施行された自転車活用推進法による「自転車専用道路等の整備」として、車道に自転車通行帯を今後つくらなくとも充分機能する自歩道で、熱田神宮西門まで行くことができる。

熱田神宮は今川義元との決戦を前にして必勝を祈願した神社。本殿から見て左先には、土をつき固め、瓦を厚く積み重ねた築地塀《ついじべい》がある。西宮神社の大練塀、三十三間堂の太閤塀と並ぶ日本三大塀といわれている。桶狭間の戦勝お礼として

⑬五条橋　清須の五条川にあった橋を清須越しで名古屋に移したので、この名称となった。擬宝珠は堀川より古い銘が確認できる。

⑭ひもの食堂　本町通り沿いにあるお洒落なひもの定食専門店。ランチで魚を食べられる店は少ないのでいつも行列ができている。

⑮小林城跡　織田信秀が鎌倉街道の備えとして築城。信長の妹「おとくの方」を妻にした牧長清が在住。長清死後、廃城になったとされている。

⑰萬松寺　織田信秀の葬儀が執り行われたが、その５年前には信秀が徳川家康を３年くらい匿ったという。寺には織田家と徳川家の紋がある。

⑳【めん処・天満屋】【美濃佐商店】
仏壇通りを南下して古渡町交差点手前にある「めん処･天満屋」。古い建物（明治時代だと言われている）だが、よく目立つ。店内には「これでもか状態のメニュー」があるが、まわりを見てみると多くのお客さんは「きしめん」を食べているので注文する。名古屋のお雑煮のようなシンプルさがいい。向かいの「美濃佐商店」という酒屋さんも懐かしい店構えで趣がある。

⑯日置神社　戦勝祈願し、桶狭間勝利後、信長は千本の松を植え、後に千本松日置八幡宮とも呼ばれていた。中区松原の地名の由来でもある。

⑱熱田神宮　「熱田大神の力を借りてぜひ勝利したい」という願文を神前で兵たちにを激励した神宮は、軍勢を集結させるのに最適であったという。

⑲熱田神宮　信長は「神仏をも怖れぬ男」といわれるが、戦勝後「信長塀」を奉納している。仏教勢力はともかく神社には崇敬の念が際立っていたようだ。

寄進された信長塀は、よく見ると100mくらい西へ続いていた。

【新しい古墳施設から古墳めぐり】

古墳をたどって走ってみるとサイクリングに最適な道を発見

【名古屋】

●スタート場所…体感！しだみ古墳群ミュージアム
●走行距離／所要時間…約18㎞／4時間
●子連れOK度…★★★
●総合難易度……★

庄内川の河岸段丘は古墳の宝庫

古墳は名古屋市内だけでも200基ほどあるそうだ。市内で木が茂っている小高い丘のほとんどは古墳であろうと何かの講演会で聞いた記憶がある。

そんな古墳が点在している名古屋市守山区の志段味古墳群。庄内川両岸の河岸段丘にはもともと古墳が多くつくられ、4～7世紀ごろには100基ほどこの地区に点在していたとのこと。ちなみに名古屋地区では熱田公園内にある「断夫山古墳」が最も大きく、日本武尊妃の宮簀媛命《みやずひめのみこと》の墓所とされているが、学術的にこの地区で大きな勢力を持った尾張氏の首長が埋葬されているそうで、その尾張氏の一族などが埋葬されているのが志段味古墳群らしい。とりあえずここで一番大きな古墳「志段味大塚古墳」で古墳

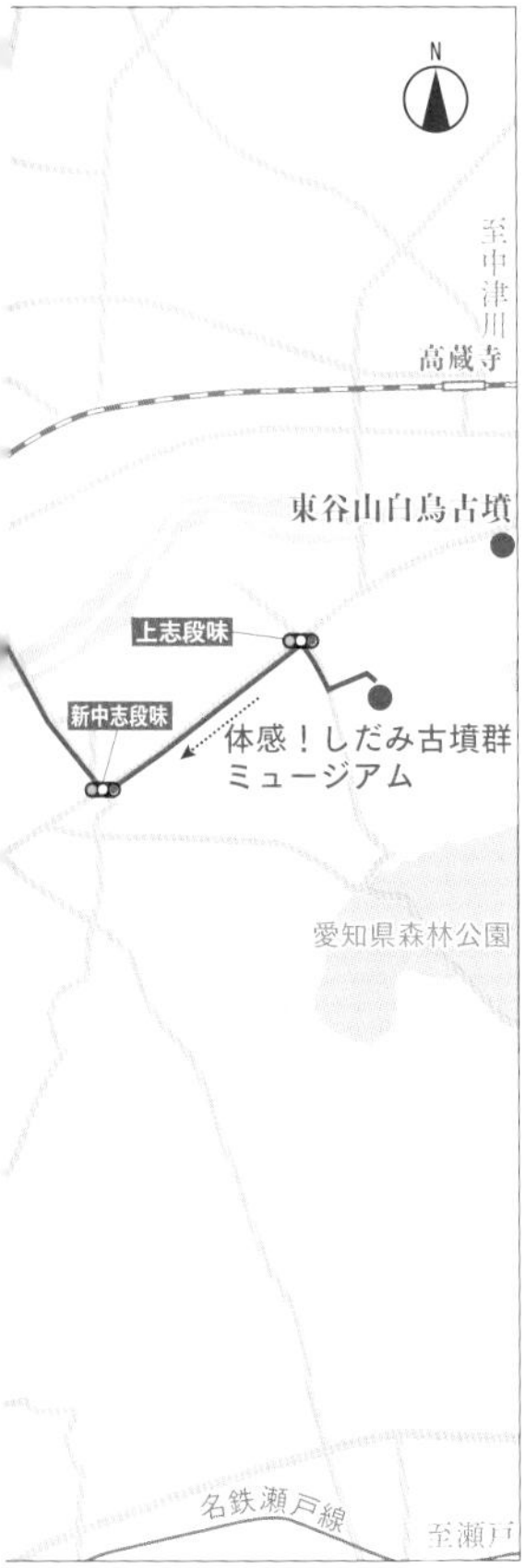

❶体感！しだみ古墳群ミュージアム　場所がわかりづらいが、名古屋方面からは上志段味交差点を右折し、最初の信号を左折してすぐにある。

❷ミュージアム 1F の展示室には出土品展示をはじめ、古代衣裳の着用体験などのほかにカフェレストランもある。2F の体験活動室で埴輪づくりも体験できる。

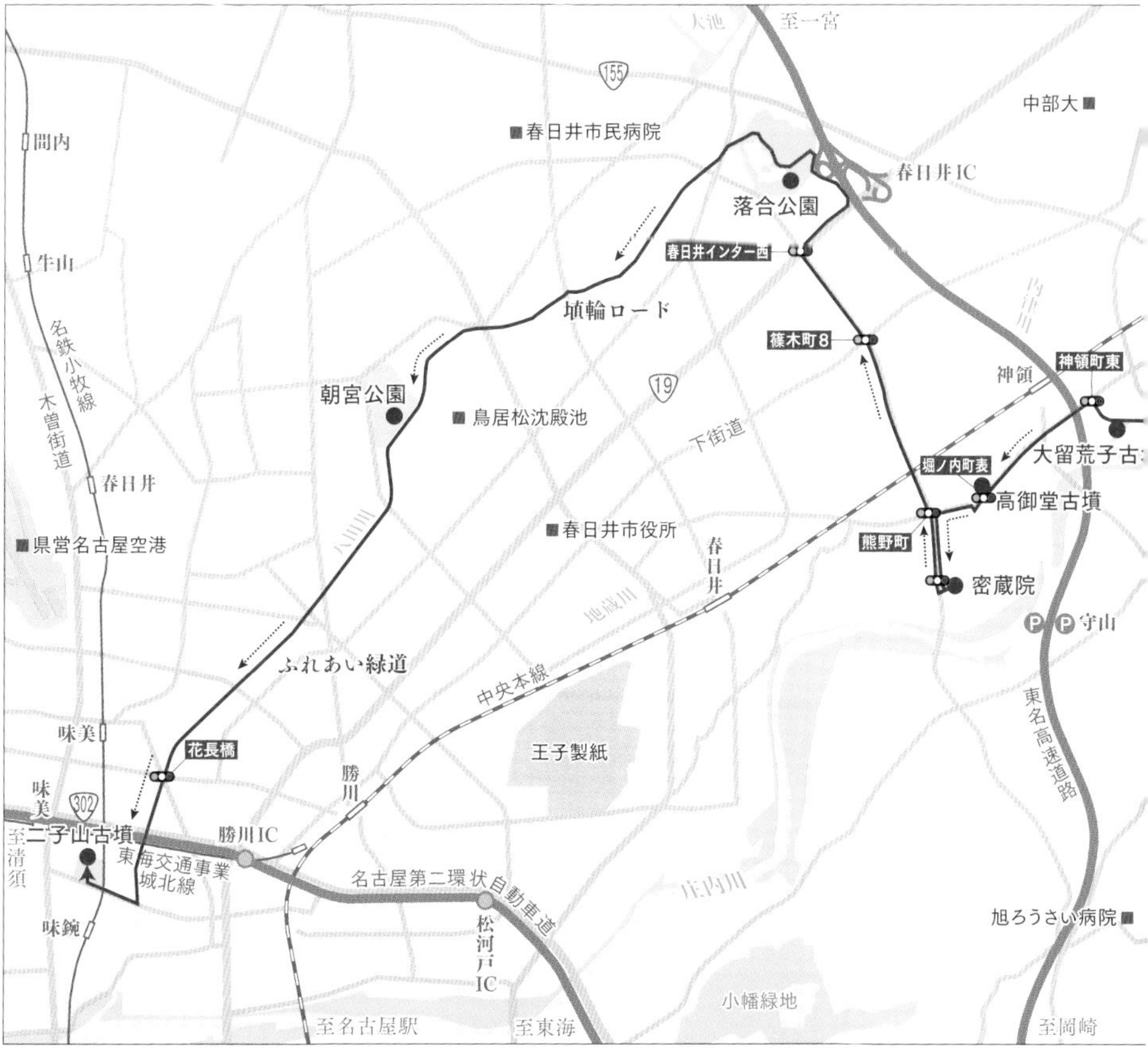

【コース】体感！しだみ古墳群ミュージアム→ 3.8km→大留荒子古墳→ 0.5km→高御堂古墳→ 1km→密蔵院→ 3.7km→落合公園→ 4km→朝宮公園→ 5km→二子山古墳　（総長 18km）

とは何たるものかを探る。

志段味古墳群の中に、２０１９年４月にオープンした「体感！しだみ古墳群ミュージアム（しだみゅー）」には、副葬

❹大塚３号墳　正直、古墳か何かわからないただの土が盛ってあるだけに見えるのは筆者だけだろうか？

❸志段味古墳群　ミュージアム脇から階段を上ると古墳群。

❺志段味大塚古墳　多くの副葬品が出土され、この地方最大規模の古墳群のなかのひとつ。復元した形なので、少し違和感もあるが、帆立貝式古墳が良くわかる。

❻大留荒子古墳　石が敷き詰められているので、元来古墳というものはこうだったのかと思い知らされた。こじんまりとした円墳でこの地区の家族墓らしい。

❼高御堂古墳　自転車で向かっていると住宅の中にこんもりと木が茂っているので、すぐに見当が付けられる。ぐるりと回って公園側から撮った写真。

品や埴輪の展示や古代衣裳の体験もできる。スマートフォンにアプリをインストールすればARやVRで古墳時代も体験できるのでファミリーにはきっと楽しめる施設だろう。

「しだみゅー」から竜泉寺方面に向かい、新中志段味の交差点を右折、庄内川を渡り1つ目の信号を左折、内津川を渡ると「大留荒子古墳」。小公園のなかにある小さな古墳で、古墳の内部が見られるとあってマニアには人気スポットらしいが、柵がしてあり覗くことはできなかった。

　大留荒子古墳から道なりに進む。神領町東を左折し、そのまま進むとこんもりとした丘がある。「高御堂古墳」だ。案内看板によると春日井市内で最も古く、唯一の前方後方墳とのこと。古墳の上にのぼることができるので、よく見るとそれらしいシルエットがわかる。と言っても前方後方墳という予備知識があるからわかるのであって、そうでなければ公園内の小高い丘（南側のグランドから見るとスタジオ・ジブリの「天空の城ラピュタ」みたい）だ。

　ここから春日井の市街地を走行し、春日井IC西の「落合公園」をめざすのだが、途中「国指定重要文化財多宝塔・密蔵院」という看板があったので、寄り道する。案内看板を見ると室町時代初期に建てられ、修行や位を授けるお寺だったようで、末寺が全国700あまりあったという。ひっそりと佇んでいるが、これが京都や奈良にあったら、たいそうな古刹であろう。

　寄り道してしまったが、次の目的地の落合公園までは少し距離がある。途中、

❽高御堂古墳　写真ではわかりづらいが、奥が前方部。前方後方墳というのが自分の目で確かめられる。グラウンド反対側の道から上れる。

❾落合公園　埴輪ロードへ行きたいのに池を１周してしまい、一休み。だが、自転車で遊歩道をのんびり走ることができる素晴らしい公園。

❿密蔵院　重要文化財の多宝塔は近江の石山寺多宝塔（鎌倉時代）を連想させる。こちらの方が古く感じるのは、まわりが荒れ気味のせいだろうか。

篠木町八丁目の交差点に「むさしの森珈琲」というお店があり、通るたびに列をつくっているので気になっているが、やはり本日も満員であきらめた。

はにわロードをゆく！

落合公園は相変わらず、ファミリーでいっぱい。また池のまわりには釣り人も多い。ここから二子山古墳に向かおうと、ふれあい緑道（通称はにわロード）という遊歩道を行く。遊歩道なので車は通らないから安心だ。ただし、ウオーキングやジョギングを楽しむ方が多いので注意しなければならない。初心者や子ども連れには超オススメの道だ。朝宮公園までは埴輪が点在しているが、公園を越えると八田川左岸沿いを走行することになる。右岸も整備されている箇所もある。ふれあい緑道と表示されてあるので安心。二子山古墳をめざして進むのだが、ポイントは堤防を走行して名二環の高架を過ぎ、最初の橋を右折すれば到達する。

ここは公園となっていて、正直古墳の面影は周濠跡に感じられるくらい。実は

⓫落合公園　日本一のフォリー（装飾用建物）・水の塔がある落合池がメインの景観が美しい大きな公園。春の桜見、夏には花火大会も有名。

筆者が幼少のころは、小高い丘のまわりに少しだけ水があるドロ沼のような周濠があった。そこを泥だらけになって何とかして渡り、探検ごっこをした。当時は密林のような感じだった記憶がある。この古墳が「国指定の史跡」であり、公園が「日本の歴史公園100選」とは、あの密林山が…と感概深いものがある。

1967年に名古屋空港（現県営名古屋空港）小牧基地の航空自衛隊機が墜落した復旧工事で、大量の馬や人の埴輪が出土されたと言われている。

今回残念だったのは、スタートの「しだみゅー」近くの「東谷山白鳥古墳」に行かなかったこと。国史跡であり、円墳とはっきりとわかるきれいな形と、横穴式石室内部を見ることができたのにと悔やまれる。次回はぜひ出掛けてみたい。

⑫はにわロード　正式名は「春日井ふれあい緑道」。落合公園から朝宮公園まで整備された緑道。アンダーパスもあるが平面交差もあるので注意。

⑬朝宮公園　はにわロードの終点の目印橋を渡ったら朝宮公園。へんてこな水鳥？フォリーの左手を通り過ぎ、川沿いの道がふれあいロードになる。

⑭ふれあいロード　八田川から庄内川の国道19号「勝川橋」まで続く堤防上の道路。勝川橋を左折して国道19号を北進すれば落合公園まで戻られる。

⑮二子山古墳　公園の入り口に立つ古代の婦人像だが、別に深い意味はないようだ。落合公園でのんびりしてしまったので、すっかり夕暮れになってしまった。

⑯二子山古墳　味美古墳群最大の前方後円墳。空になった周濠が残っており、手前が前方部、奥が後円部になっているのがかろうじてわかるかな？

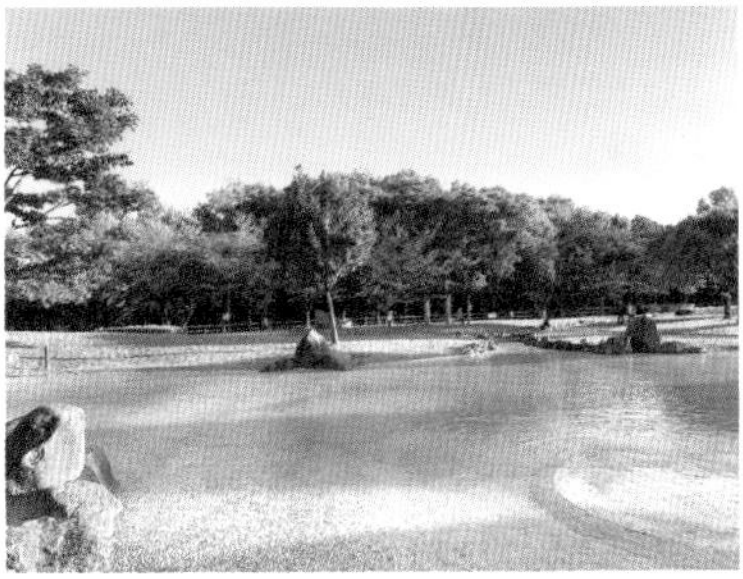

⑰二子山古墳　正面のこんもりした部分が二子山古墳で、大きさがよくわかる。二子山公園となっているので、子供連れには持ってこいの場所。

⑱ハニワの館　二子山古墳で出土された埴輪の模型がずらりと並べられているほか、志段味古墳群にも出てきた「尾張氏」の支配の大きさがわかる。

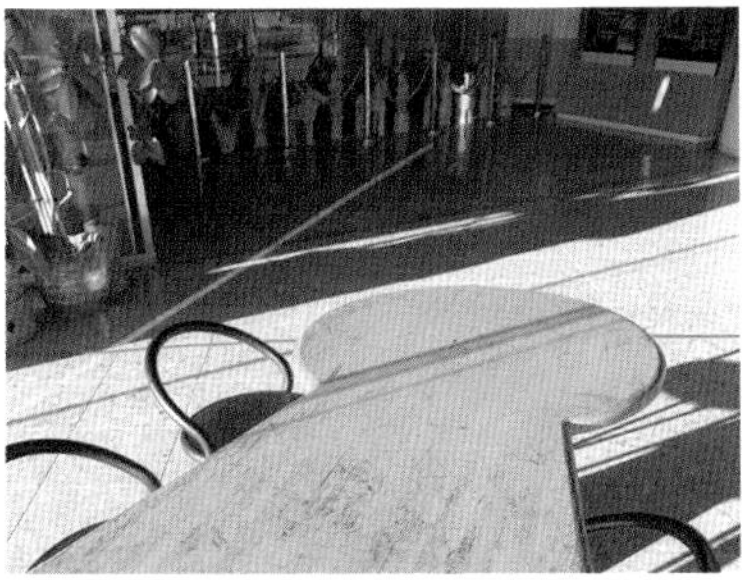

⑲二子山古墳　建物は前方後円墳をイメージして建設されたとあるが、休憩スペースのテーブルはまさに前方後円墳の形をしていた。

⑳御旅所古墳　ハニワの館後方にある円墳。公園に隣接する白山神社から神輿渡御がおこなわれる御旅所にちなんだ名称とか。

㉑御旅所古墳　上ってみると円墳だとよくわかるし、祠もあった。白山神社古墳へ寄らなかったことが気がかりだが、しっかりとした形の古墳見学で終えた。

【家康公の町めぐり】

たくさんの顔がある岡崎だけどやはり家康公抜きではあり得ない町

【愛知】

●スタート場所…岡崎城
●走行距離／所要時間…約14km／3時間20分
●子連れOK度…★★
●総合難易度……★★

スタートは岡崎公園から

待ち合わせは岡崎城大手門。わかりやすいし、岡崎といえば岡崎城と相場が決まっている。最初に目に入るのが大きな金色の葵の御紋。三河武士のやかた家康館。「生涯戦うこと57度。されど、かすり傷一つ無し」といわれた徳川四天王の一人、本多忠勝像と、毎時00分と30分に演出される家康公のからくり時計との間に天守がチラリとのぞく。おみやげ屋さん

❶岡崎城大手門　岡崎は石の生産地として有名。石垣には地元産の御影石を使用し、屋根瓦は江戸物本瓦が葺かれている。1993年に再建された。

❷三河武士の館　家康公を支えた三河武士についての解説や天下統一までを紹介している。映像や書籍のほかに甲冑試着体験や写真撮影などもできる。

【コース】岡崎城→1km→八丁味噌の郷→2.5km→東岡崎駅徳川家康公像→1.4km→内田治ジャズコレクション展示室→0.7km→松應寺→1km→伊賀八幡宮→2.1km→大樹寺→3km→おかざき農遊館→2.5km→瀧山寺　（総長14.2km）

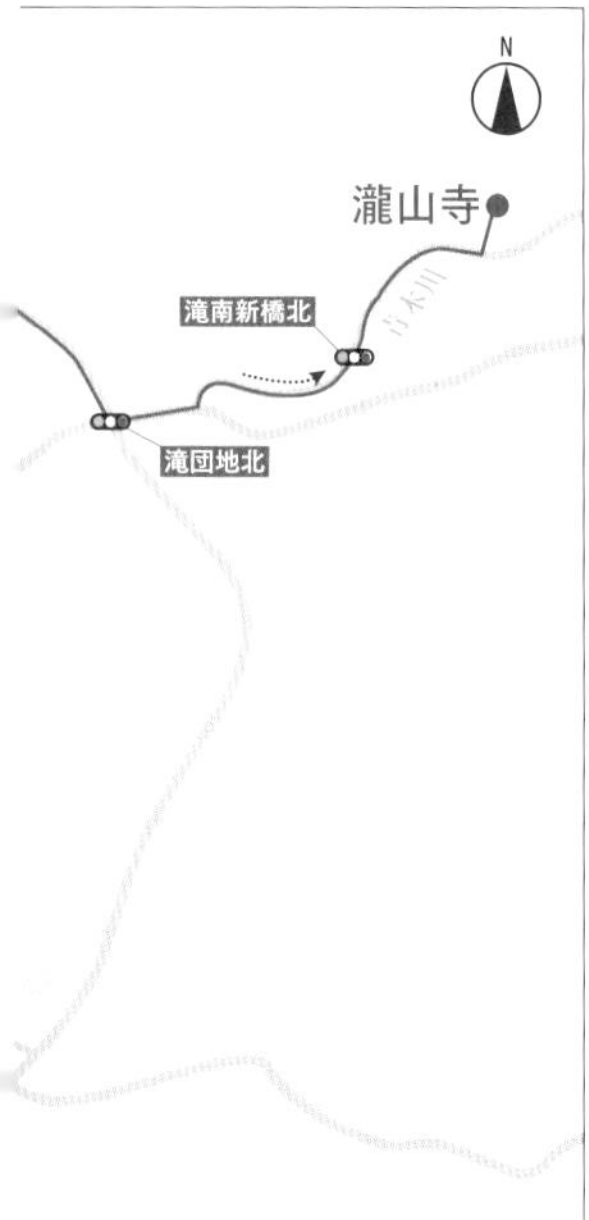

の前では武将隊がいろいろ演技やらおもてなしなどをしてくれるのだが、たまたまお目にかかれなかった。岡崎城のある岡崎公園は春の桜見、夏の花火をはじめ、城址公園として岡崎市民自慢の公園でも

❸本多忠勝像と天守閣　徳川四天王の一人本多忠勝像の横から望む。天守閣の内部は5階建てになっており、各階ごとにテーマが分かれて展示されている。

ある。

　国道1号を西へ向かい、岡崎市のもうひとつの大動脈国道248号を左折する。大きな交差点によくある構造だが、こういった交差点では、どこから進入しても自転車が直進するには歩道橋に上がらなければならない。車の通行量が極端に多いので、道路をつくる構造上で仕方あるまいが、自転車活用推進法が成立し、自転車は立派な車両であると決められた以上(昔から軽車両という車両です)、こういった道路構造が改善されていくことを願うばかりだ。今回は左折なので、側道を走行。問題なく通行できた。

八丁味噌の郷から河川敷緑道へ

岡崎といえば…その2は「八丁味噌」。1つ目の信号を右折して愛知環状鉄道のガードをくぐると「カクキュー八丁味噌の郷」の看板。特徴ある建物は国の登録文化財。みそ蔵の見学はもちろん楽しいが、味噌煮込みなどの麺類、カフェ、鉄板焼きカレーがあるフードコート「カクキュー八丁村」はいいかも。あいにくお腹は空いていなかったので、次回は絶対に岡崎おうはんエッグ焼きカレーを食べようと思う。道路をはさんだ向こう側にある「まるや八丁味噌」では、八丁味噌で仕上げられた、みそかつカレーが食べられる。こちらも捨てがたい。ちなみに八丁味噌の味噌蔵があるのは、この2社だけとのことらしい。

　東岡崎駅の東口がきれいになった。ペデストリアンデッキには若き日の徳川家

❹カクキュー八丁味噌の郷　矢作川の河原の石が桶の上で山をなす重石は、地震があっても崩れないよう積まれているそうで、その圧巻の木桶を見学できる。

❺まるや八丁味噌　八丁味噌の製造は日本で2社のみ。「まるや」と「カクキュー」のみで、江戸時代から、手を取り、時には競い合い、伝統製法でつくっている。

❻八丁味噌通り　NHK連続テレビ小説「純情きらり」の撮影もおこなわれた黒い焼杉板と白い土壁の通り。八丁は岡崎城より八丁離れていたことからその名がついた。

康公騎馬像がある。高さが10mくらいある大きな像で、左手に弓を持っている姿が凛々しい。駅から乙川の河川敷緑道へ直接続いているし、おしゃれなオト・リバーサイドテラスも景観がイイ。新しい岡崎の象徴になるだろう。

❽徳川家康公騎馬像　台座の正面の「徳川家康」と背面の「厭離穢土・欣求浄土」の文字は徳川18代当主・徳川恒孝氏の揮毫とされる日本最大級の騎馬像。

❼ペデストリアンデッキ　駅とペデストリアンデッキで直結された施設は連続して屋根が設置されているため、乙川に整備された明代橋公園へと直結している。

ジャズ、昭和、江戸…

岡崎…その3はジャズ。図書館の一角に内田修ジャズコレクション展示室がある。内田は医者でありながら日本のジャズを陰で支えてきた人物。「ジャズの町岡崎」として後に行政までも参加させた功労者である。

　がらりと雰囲気が変わって松應寺横丁。アーケードといっても古いし、距離も短い。寺の前の通りはもと花街であったろう昭和の匂いいっぱい

❾松應寺横丁　周りは静かな住宅街で、ここだけ空気が全然違う。ほんの短い距離だが昔の風情が残っているのがおもしろい。

❿図書館交流プラザ りぶら　大樹寺と岡崎城の「ビスタライン」(眺望線)上にあるため、大規模複合施設としては低層の3階建で建設されたという岡崎らしい建物。

⓫内田修ジャズコレクション展示室　岡崎市の外科医で長年ジャズミュージシャンを支援してきたドクター・ジャズ内田修氏がレコードや楽器等を寄贈、展示されている。

で懐かしい感じがする。

　川沿いの道を北へ。赤い橋が見えてきたところが伊賀八幡宮。松平家の氏神・守護神とし、三代将軍の家光公が先祖伝来の守護神である伊賀八幡宮に、祖父東照大権現（徳川家康公）をあわせ祀った数少ない東照宮のひとつ。江戸時代初期の神社配置形式をよく伝えていることでも有名。この真北にあるのが徳川氏（松平氏）の菩提寺である大樹寺。家康公は「亡骸は久能山に、葬儀は芝の増上寺で、位牌は大樹寺へ」と遺言したといわれる。大樹とは征夷大将軍の唐名であるため、歴代当主の墓や歴代将軍の位牌が安置されているのであろうと勝手に推測する。歴代将軍の位牌はそれぞれ将軍の臨終時の身長と同じという説明書きがあって興味深い。

　本来はここから岩津天満宮に行くつもりだったが、東の方に「瀧山寺」という運慶作の観音菩薩立像・梵天立像・帝釈天立像があると聞いたので、予定変更。緩い上り坂はホントに苦手だが、東へ。東名高速道路高架をくぐってすぐに生産者の顔が見える直売施設「おかざき農遊館」。さらに進むと大きく立派な瀧山寺三門がある。期待が膨らむ。宝物殿は火の見やぐらを左折とあるが、案内看板を左折する。山道を上ると駐車場があり、そこに駐輪して階段。茅葺の荘厳なお堂だ。

　誰も見かけないので雰囲気たっぷり独り占め。宝物殿はそこから下ったところにあった。施錠されていたので、運慶作の仏像は拝めなかったが、ぜひ次回も行ってみたいお寺だ。さぁ、ここから岡崎城まで戻ろう。

⑫緑道　岡崎城西から続いている川沿いの緑道は、城北中学校あたりまで続き、それ以降は伊賀川桜堤として続く。写真は岡崎城付近。

⑬伊賀八幡宮　檜の的板に矢を放ち的板の割れ具合によって吉凶を占う武者的神事が有名。日光・久能山とともに、将軍を祀る数少ない東照宮。

⑭伊賀八幡宮　蓮の名所でもある伊賀八幡宮に花が咲き始めていた。門の両側に配置されている随神様は愛知県内では伊賀八幡宮だけという。

⑯大樹寺　南方に岡崎城が見えるよう工夫されており、徳川家と大樹寺の関係がうかがえる。現在も直線上に高層建築物を建てることはできない。

⑮大樹寺　桶狭間後、住職登誉が「厭離穢土・欣求浄土」の教えを説いて織田方からの追撃を逃れた。駅前の騎馬像にはこれが記されている。

⑱瀧山寺　滝町の集落の入口に建つ三門は、鎌倉時代末期から室町時代前期の建立と考えられている。ほぼ和様でまとめられた中世楼門の典型。

⑰おかざき農遊館　農林産物展示即売施設として「生産者の顔が見える」直売施設。生産者と消費者がふれあい交流の場を提供することをめざしている。

⑳【龍城温泉】
「たつき」と読む1919年（大正8）創業のレトロな銭湯。建物は昭和25年に改装されたというが、それでも古い。外観は銭湯と気づかずに通り過ぎそうだが、奥の煙突でそれとわかる。実際に入浴はしていないが、木製の脱衣箱の扉に描かれている広告が超レトロでカッコいいそうだ。

⑲瀧山寺　源頼朝の菩提を弔うために安置されている聖観音には、頼朝公の歯と髪が納めてあるという。

【へきなん自転車散歩】【愛知】

古刹から現代的な施設まで同居する コンパクトな日本の縮小版の町

◉スタート場所…明石公園
◉走行距離／所要時間…約26㎞／6時間
◉子連れOK度…★★★
◉総合難易度……★★

市内をほぼ一周するコース

愛知県民に「碧南」という文字がすぐに書ける人、もしくはどの辺りにあるのかを知っている人はどのくらいいるのだろう…そんな碧南市をもっと知っていただきたいということで、碧南市民の有志で構成する「へきなん自転車散歩実行委員会」を2015年が立ち上がり、毎年自転車イベントを開催している。

筆者も委員の1人だが、この町は意外におもしろい。古いお寺が多く存在する大浜は港町として栄え、さらに市制は県内で10番目（1948年）と古く、農業も工業も盛んだ。白醤油が生まれた醸造の町でもあり、味醂を全国区にした町でもある。

自転車イベントには、回数を重ねるにつれて参加者も増えてきた。ここは町の魅力に加えて、人のぬくもりが感じられるところでもある。イベントを企画するにあたり、市内をくまなく回った結果、気持ちよく走行できるコースをご紹介する。

❶明石公園　駐車料金が1日300円というのも魅力だが、遊具もすべて100円。芝生広場を中心に250本の桜が春には楽しませてくれる。

❷七福醸造　白醤油に、かつお節などの原材料と製法に徹底的にこだわった日本で初めて白だしを開発し、日本一の白だしの品揃えを誇る会社。

歴史的建造物がめじろおし

スタートは明石公園。幅員が狭い道路を走行する。そして市内で白醤油を醸造している3つの会社のひとつである七福醸造（「ありがとうの里」という大きな文字が目印）を左折し、国道247号（通称産業道路）と平行している専用自転車歩行者道に出る。快適に走行して碧南海浜水族館へ。最近ビオトープが

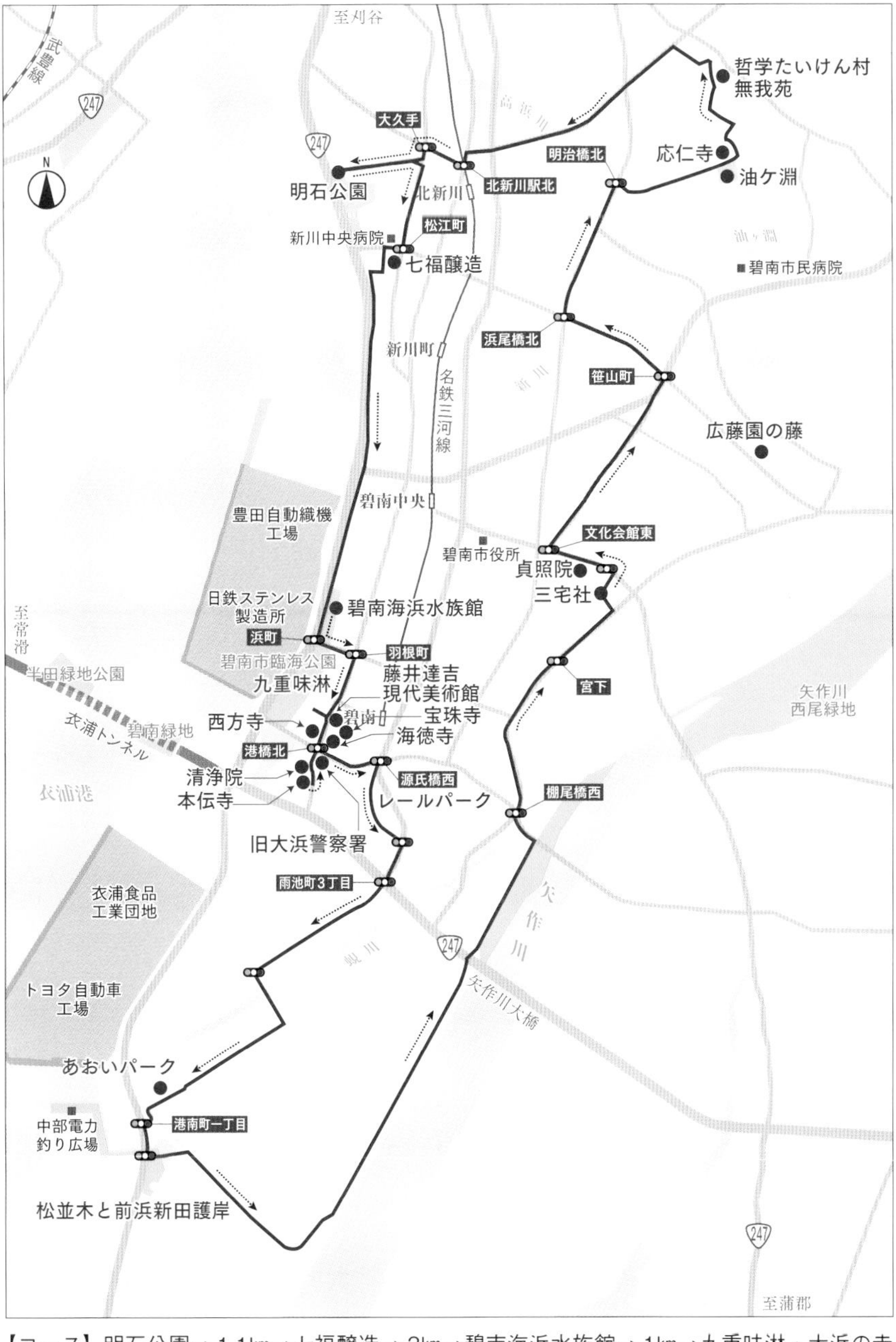

【コース】明石公園→ 1.1km→七福醸造→ 3km→碧南海浜水族館→ 1km→九重味淋・大浜の寺→ 1.3km→レールパーク入口→ 3.5km→あおいパーク→ 1km→松並木と前浜新田護岸→ 5.6km（矢作川堤防）→三宅社→ 1km→貞照院→ 4km→油ケ淵→ 0.5km→応仁寺→ 0.6km→哲学体験村・無我苑→ 3.4km→明石公園　（総長 26km）

でき、水族館のバックヤードで飼育されていたカワバタモロコなどの希少淡水魚を放流したとのこと。

大きなドームから市街地へ出ると、日本最古のみりん蔵の九重味淋があり、室町時代から続くお寺や、味噌や醤油を醸造する歴史的建造物が点在する大浜地区となる。太鼓堂と呼ばれる櫓が印象的な西方寺は1203年創建といわれる。「大浜てらまち案内人」から、この寺に明治時代に学校がつくられ、碧南の学校教育発祥の地とお聞きした。大浜地区には多

❸産業道路専用自転車歩行者道　国道247号（通称産業道路）脇につくられている道。数カ所連続性が断絶する箇所があるが、走りやすい。除草していない箇所もあった。

❹碧南海浜水族館　伊勢湾、三河湾の魚を中心に飼育されている水族館で歴史は古い。白い体のドラゴンズベビーは、日本ではここにしか展示されていない。

❺九重味淋　みりんを熟成する「大蔵」は1706年に建築され、1787年に現在の場所に移築された築300年の長い歴史を持つ蔵でつくられる。

❻藤井達吉現代美術館　ガラスと墨色タイルの外観は、現代建物でありながら歴史的町並みにマッチしている。藤井達吉は碧南生まれの近代日本工芸家。

❼西方寺　自転車散歩イベントでの風景。人気のあるお寺で、ほとんどの参加者が訪れた。数カ寺の末寺を持つ、三河有数の大坊。

❽宝珠寺　徳川家康に仕え、小牧・長久手の戦いで池田恒興を打ち取った戦国武将「永井直勝」の生誕地。武勲をあげ7200石の大名となった。

くのお寺が集中しているが、清浄院と本伝寺の間は漆喰と黒板塀にはさまれた小径が印象的だ。うっかりしていると時間の経過が早いので、大浜地区を目的にしてもよい。道が狭いので迷わないようにしたい。

2004年3月に廃線となった名鉄三河線跡地が遊歩道・公園となったレールパーク。線路の跡地というのはわかるが、なぜこんな円のようなカーブになっているのかはミステリー。でもすごく整備されていて、気持よく走行できる。

矢作川堤防をスイスイとゆく

そこから目指すは「あおいパーク」。国

❾本伝寺と清浄院の間の小径　白壁と黒板の壁面が両側に続く細い路地。自転車ならではの発見ができるスポットで、素敵な路地。

❿旧大浜警察署　愛知県碧南警察署が発足して1961年まで37年間、西三河南部の安全と治安を守ってきた鉄筋コンクリート造の建物。

⓫称名寺　松平広忠（家康の父）が連歌会で「めくりはひろき園のちよ竹」と詠み、住職が家康の幼名を竹千代にすることを勧めたといわれる。

⓬レールパーク　碧南駅から先の名鉄三河線の廃線区間およそ2.3kmの跡地に整備された長細い公園。プラットホーム型の休憩所がユニーク。

⓭あおいパーク　楽しみながら農業と触れ合える体験型交流施設。収穫体験の他にも植物園、販売所、レストランやハーブの入浴施設もある。

道247号を横断して住宅地の直線道路から橋を渡ると、畑が一面に広がる。「へきなん美人」というとても甘い人参が有名で、主に東京や名古屋の料亭に出荷されているようだ。あおいパークでは「へきなん美人」を購入できるが、入荷は12月初旬。レストラン、温泉が併設された施設で、収穫体験もできるお洒落な農業施設である。矢作川の前浜新田の堤防だった松並木を走行。自転車には気持ちのよい道だ。矢作川の堤防からは対岸の西尾の小高い山々がくっきり見える。向かい風が少しきついが軽快に走行できる。

市街地に入り、山門の茅葺きが見事な貞照院は静寂で清々しい雰囲気の境内。左手に下がると蓮がいっぱいの池がある。碧南には京都や奈良のような大寺院はないが、とにかく古刹がたくさんある。

油ケ淵は愛知県内の自然最大湖沼。花しょうぶ園として5月下旬から6月には多くの人が訪れる。バス釣りでも有名だが、日本モーターボート選手会常設訓練所（碧南訓練所）としても有名。フライングを切ったボートレーサーが2泊3日の日程で研修を受ける場所で、月に2回くらい実施されているとのこと。また年数回、葦舟に乗船できる「油ケ淵葦船学校」が開催されており、普段体験できない、というよりお目にかかる機会もない葦船を楽しむことができる。

花しょうぶ園の向かいが、住職がいない村持ちの寺としても有名な「応仁寺」。蓮如が比叡山延暦寺の僧兵に追われ、逃げ延びた先と言われている。その脇道から迷路のような細い道（実際、後日地図を見てもわからない）をたどると、「哲学た

⑭松並木　石積みが残っている

⑮貞照院　清々しい境内の秋の紅葉は美しい。左手に下がると蓮の池がある。毎年7月末におこなわれる「虫干し供養」に長蛇の列ができる。

⑯油ケ淵　愛知県唯一の天然湖沼。「葦（あし）」を2月ごろに刈り取り、それをきれいに揃えて束ね、手作りの船をつくるイベントが毎年開催される。

⑰油ケ淵　碧南市を代表するイベント「花しょうぶまつり」が開催される。赤い橋の横に彫刻があるが、他にも市内の至るところに彫刻がある。

⑲哲学たいけん村無我苑　この地に居を構えた宗教思想家の遺志から碧南市に土地を寄付してつくられた施設。心を落ち着かせ、活力を養うことを意図する。

⑱応仁寺　蓮如上人が比叡山延暦寺の僧に追われた後、弟子の如光と逃げ延びた先。昔から住職は居らず、村全体の人たちでお守りする寺。

いけん村 無我苑」。展示、さらに瞑想もできるコンクリート打ちっぱなしの現代的でお洒落な展示ギャラリー「瞑想回廊」と、対象的な日本庭園を配した木造数寄屋造りの市民茶室「涛々庵」などがある心安らぐ施設である。

⑳【廣藤園】
1820年頃、この地の住民小田廣作という人がこよなく藤を愛して、自ら木や竹を用いて藤の棚をつくって育てたのが起源。

㉑【へきなん焼きそば】
碧南市の特産品を最大限に生かした、地元の料理「へきなん焼きそば」は市内のお店でもいただけるが、生ゴミを減らすことでゴミの焼却処分で発生するCO_2の排出を少なくしたり、洗い物を減らすことで、水の無駄遣いを抑えたりして環境保護に少しでも貢献できるよう、やきそばを乗せるお皿をせんべいにしているのも特徴。

㉒【わっぱ堂】
元眼科の建物をリノベーションした古民家に元々あった小物や家具を活かしたおしゃれなインテリアのベーグルと手作り料理の店。

㉓【衣浦トンネル（自転車歩行者道）】
半田市へ通じる無料で通行できる海底トンネル。自動車の入口の東側を海まで進む。ウッドデッキで釣り人がたくさんいた。トンネルは随分と下りなければならない。トンネル内の先は真っ暗で狭く、海底のせいか、ヒンヤリとしている。寂しいのでラジオ放送が流れていた。

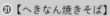

【常滑やきものめぐり】

空港近くの広い道から街の細い道まで走行ギャップがおもしろい

【愛知】

●スタート場所…イオン常滑
●走行距離／所要時間…約21㎞／5時間
●子連れOK度…★
●総合難易度……★★★

一日楽しめる「窯のある広場」

セントレア手前の「りんくう常滑」駅付近はとても広い土地！というのが素直な印象。イオン常滑から「まるは食堂」の方に向かうと視界はさらに広がり、高速道路の先にセントレアが望める。ヤシの木に沿って走行すると白い建物との対比が、外国に来たような錯覚さえする。すぐに造成中の風景に変わるのが惜しい気もするが、自転車走行は気持ちがいい。名鉄の高架をくぐり、線路伝いに進み、茶色の建物が常滑市民文化会館。そして旧道の大府常滑線の「市場」という交差点を左折する。古い民家がところどころにある道を進むと右手に「INAXライブミュージアム」の看板とその先にレンガの煙突も見える。煙突の正体は総合受付でもあ

❶りんくう　海とヤシの木に囲まれた結婚式場「ビアンカーラ・マリーナ・テラス」のまわりは外国にいるような錯覚さえする。

❷りんくう　「ビアンカーラ・マリーナ・テラス」の向かいは輸入車（アウディ）デーラーであり、本当にこの通りは感じがちょっと違う。

❸INAXライブミュージアム（窯のある広場・資料館）　駐車場から入ると最初に目に入る建物。この日は休館日で中に入ることはできなかったが、外観を眺めているだけでも素晴らしい。

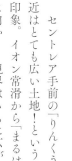

【コース】イオン常滑→ 4.8km→ INAX ライブミュージアム他→ 1km→みたけ公園展望台→ 2.6km→とこなめ陶の森→ 4.6km→前川ダム公園→ 1.8km→セラモール→ 2.6km→榎戸漁港→ 1.8km→めんたいパーク→ 0.3km→コストコ中部空港倉庫店→ 1.4km→やきもの散歩道駐車場　（総長 20.9km）

❹INAX ライブミュージアム（ピッツェリア ラ・フォルナーチェ） 前菜、ピッツア、ドルチェが好評なピッツェリア ラ・フォルナーチェはランチがオススメらしい。隣は世界のタイル博物館。ここが目当だった。

る「窯のある広場・資料館」。大正時代の窯と建物、煙突が保存されており、国登録有形文化財・近代化産業遺産となっている迫力ある施設だ。その他に芸術性が高い素焼きのテラコッタ・コレクションが屋内外に展示されている「建築陶器のはじまり館」、光るどろだんごづくりなどワークショップが開催される「土・どろんこ館」、びっくりするようなスケール装飾タイル空間が素晴らしい「世界のタイル博物館」、モザイクタイルを並べてアート作品がつくられる「陶楽工房」、やきものを通じた伝統や技術を紹介する「ものづくり工房」、さらにレストランやショップもある総合施設で、ここだけで１日中楽しめる。

❺みたけ公園展望台　セントレア大橋から野間（おそらく…）まで一望できる。あいにくの曇天で魅力半減だが、晴れていたら素晴らしい眺望であろう。

来た道をさらに南へ。ゆるい上り坂だ。右手に「みたけ公園入口」の看板があるので、それに従って行く。急坂を登っていくと小さな展望台がある。「眺望が素晴らしい」と先ほど会話した地元の方に聞いたのだが、なるほどセントレアというより伊勢湾がくっきりと見えるポイントのはずだが、曇り気味で残念。

❻とこなめ陶の森　とにかくわかりづらいし、山の上にあるのでシンドかった。あげくの果てに 2021 年秋までリニューアル工事で閉館中。今日はついてない。

前川ダム公園は昼食に最適

住宅街の長い上り坂で国道２４７号へ。「とこなめ陶の森」へ行きたいのだが、わかりづらい。道も狭くなってきて果たして大丈夫なのか不安になってきたが、なんとなく到着。エントランス近くに瓶が並んでいるのが印象的だった。

再び国道２４７号へ。道沿いにあった常滑ユニーがなくなっており、時代が変わったことを実感しながら高速道路まで

❼前山ダム公園　ダムを一周できる散策路は木々に囲まれて歩くことができる。愛知県のため池では最大の堤高 18.4m。貯水量もナンバーワンとのこと。

❽前山ダム公園　広い芝生広場があり、東屋もあるので、お弁当ポイントとしては絶好かと思われる。おまけに人も少ないのでゆっくりできる。

❾セラモール　焼き物専門店のモール。季節ごとに商品が入れ替わるテーブルウェアから、屋外用大型陶器などの焼き物や雑貨を取り揃えている。

❿榎戸漁港　この辺の港としては比較的水深があり、クロダイ、アイナメ、セイゴ、メバル、ハゼ、アジ、サバなどの他、ハゼ釣りでファミリーに人気。

⓫多屋海岸　地元の人だけが知っている穴場の海水浴場。鈴鹿山脈へ沈む夕日と飛行機の離発着を見ることができる海岸。マリンスポーツも盛ん。

出て側道を走行し、前川ダム公園へ。ベンチもたくさんあるので、お弁当タイムには最適。ブラックバス釣りに来る人も多いとか。近くにやきもののショッピングモール「とこなめセラモール」がある。急須、植木鉢、花器、鍋など陶器製品ならほとんど揃っている。またろくろを使って陶芸体験ができる咲茶楽《さささら》という店もある。

まっすぐ海へ向かって進む。LIXIL工場脇を通り、突き当りが榎戸漁港。海沿いの道路に出る。途中から堤防の上に出られる。多屋海岸と呼ばれ、先ほどから晴れてきたので、伊勢湾が広がって美しい。前方にはセントレアの管制塔が見える。高速道路と並行した道をそのまま東へ進み、県道と交差した角に「大蔵餅」というお餅屋さんの甘味処がある。ここはふわふわ山盛りのかき氷が真冬でも食べられる人気のお店で、夏は行列ができるほど。

やきもの散歩道へ

南進し、駅を左折すると右側土手に招き猫が。この通りは「とこなめ招き猫通り」という。作家がつくった独創的な招き猫が楽しい。また歩道橋近くの土手の上には大きな招き猫が見える。「やきもの散歩道」だ。といっても自転車を停める場所がない。ここは散策路なので徒歩のみだ。信号角の常滑市陶磁器会館の駐車場へお願いしたらオートバイを停めるスペースが空いていればOKと言ってくれたが、たまたまスペースがいっぱいだったので、駅前なら必ずあるだろうと思い、駅前の自転車駐車場へ。

やきもの散歩道は古い町並みの古民家をリノベーションしたおしゃれな店が点在しているほか、焼酎瓶や土管が壁面をびっしりおおった坂道や苔むした井戸、また緑も意外に豊富な散策路だ。個人的に好きなのは1974年まで使われていたという国の重要文化財の「登窯」。現存する最古で最大と言われているそうだ。また、黒ごまカレーパンと常滑牛乳の組み合わせが絶品（パンをいっぱい購入して撮影忘れた）。おしゃれなパン屋さん「風舎」でいただくことができる。今回は自転車で目的地に行き、徒歩で周遊する自転車散歩となった。

⓬大蔵餅　明るい店員さんが「インスタ映えの席にどうぞ」と庭の横の席に。なるほど大概の人がボリュームいっぱいのかき氷を楽しそうに撮っていた。

⓭やきもの散歩道　とこなめ招き猫通りには作家の独創的でかわいい招き猫が擁壁に。常滑陶磁器会館まで展示されているので、楽しみながら歩ける。

⓮やきもの散歩道　小さい頃よく見かけた金属製の看板がかけられた古民家の飲食店。こういった店と陶磁器の販売店がいい塩梅に並んでいる。

⑮やきもの散歩道　土管坂といわれる小径。このような道が随所にある。妙に懐かしく感じるのは、昔はこの色の土管をよく見たことを思い出したからであろう。

⑯やきもの散歩道　見上げるようにそびえ立つ10本の煙突は迫力がある。よく見ると長さがそれぞれ違っている登窯。中央が低く、両側が高いのは均一に焼くため。

⑰やきもの散歩道　常滑焼の焼酎瓶が一面に敷き詰められた坂道でんでん坂。廻船問屋瀧田家の南の道で、昔はでんでん山といわれたのが名称の由縁らしい。

⑱やきもの散歩道　自分自身「本日No.1カット」のお気に入り写真。登窯周りは細い小径で一周でき、内部まで見ることができる。展示工房室が隣接している。

⑲やきもの散歩道　暮布土屋通りという雰囲気のいい店が並ぶ場所にあるパン屋さん。イートインもできる。惣菜系のパンが多いような気がする。

⑳やきもの散歩道　手書きで小麦粉、卵などアレルギーの人にもわかりやすく表示されている「風舎」のパン。また季節の野菜などの材料なども表示されている。たくさん買いました。

【信仰と歴史のまち一宮をゆく】

かつての宿場町を訪ねてから木曽川の風景を満喫しよう

【愛知】

●スタート場所…真清田神社
●走行距離／所要時間…約15km／2時間40分
●子連れOK度…★★★
●総合難易度……★★

なぜ「一宮」なのか

一宮といえば毛織物産業と、その名の通り尾張一之宮「真清田《ますみだ》神社」が所在するので一宮という地名になった、というのは多くの人が知ることであろう。立派な楼門と内部には入ることができないが、本殿は見事といえる。

JR尾張一宮駅と名鉄一宮駅が一体となったターミナルビル一宮総合駅の南に実はもうひとつ、尾張国一宮がある。「大

❶真清田神社　昔は木曽川のかんがい用水で、この付近は清く澄んだ水によって水田が形成されていたそう。それで真清田（ますみだ）と名づけられたといわれる。

❷真清田神社　7月の最終日曜日を最終日とする4日間に開催される一宮七夕まつりは有名。すでに本殿には飾り付けがしてあった。

【コース】真清田神社→0.8km→一宮総合駅→2.1km→大神神社→6.4km→冨田一里塚→1km→聖徳寺跡→1km→一宮市尾西歴史民俗資料館→0.2km→船橋跡・母情の画廊→0.9km→金刀比羅社→1.3km→千勝猿田彦神社→1.5km→名鉄尾西線玉ノ井駅　（総長15.2km）

神神社」だ。尾張国には一宮が２つ存在することを初めて知った。相模や遠江なども２つあり、武蔵には３つもある。名古屋市民の筆者は熱田神宮が気になるところだが、三宮であり、二宮は犬山市の大縣

❸本服織神社　七夕の織姫（棚機姫神〔たなばたひめのかみ〕）を祀っている神社で織物の神様。真清田神社の御祭神「天火明命」の母神とのこと。

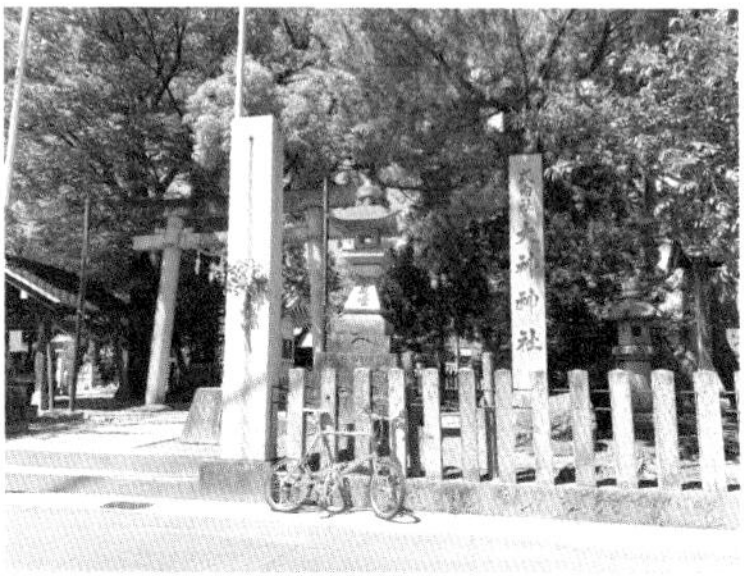

❹大神神社　「おおみわじんじゃ」と読む。本殿は設けず三ツ鳥居を通し、三輪山を拝するという原初の神祀りを伝える最古の神社のひとつ。

❺毛受交差点　信号待ちで、ふと英文のルビをみると「Menjo」とある。これはどう転んでも読めない地名のひとつに挙げられると思う。

神社。もうひとつ気になることが、神宮・宮・大社・神社などの違いだ。信仰の対象が皇室の祖先神を祀っているのか、地域の神様を祀っているのか、その神社が祀っている祭神によって違うそうで、熱田神宮などの「神宮」は、皇室とゆかりの深い関わりをもつ人物を祀っている格式が高い神社とのこと。そして、一宮・二宮という社格は、諸国で由緒の深い神社、または信仰の篤い神社が勢力を有するに至って、おのずから神社の階級的序列が生まれ、その首位にあるものが一宮というらしい。ふ〜ん。

宿場町の面影を訪ねて

まっすぐ西に向かっている冨田一宮線に出る。東海北陸自動車道高架の交差点「毛受」がどう読むか悩む。「めんじょ」と読むらしい。一宮市民以外は絶対に読めない難読地名だろう。道なりにカーブし、中伝毛織の交差点を左折して美濃路に出る。現在は一宮冨田線というが、その冨田に一里塚がある。西塚・東塚と両側に残っているのは美濃路でここだけみたいだ。一里塚というと松を連想するが、ここは大きな榎であった。すぐ近くに「中島城址」があるらしいが、わからなかった。

❻冨田一里塚　遠くからみても目立つ大きな榎なので、すぐに確認できる。すぐ横は広場になっていてきれいなトイレもあった。休憩にはよい。

木曽川の方に向かう。斎藤道三が織田信長と会見した「聖徳寺跡」がある。ここも何度も探してみたが、見つからず、残念。

一宮市尾西歴史民俗資料館に到着。向かいに別館として林家住宅がある。有料かと思ったが、無料なのはうれしい。資料によると、林家は1720年（享保5）から明治維新まで、起《おこし》宿脇本陣と木曽川の渡船を管理する船庄屋。この建物は1

❼旧林家住宅　一宮市尾西歴史民俗資料館の別館で入場料無料。林家は宿場町・本陣・脇本陣制度が廃止されるまで9代にわたり脇本陣を運営。

❽旧林家住宅　この庭は脇本陣廃止後の10代目当主が昭和元年から約10年の歳月をかけて作庭されたものだが、完成前に亡くなったとか。

891年（明治24）の濃尾地震で倒壊した起宿脇本陣の跡地に再建されたもので、1913年に主屋が建てられた後、1926年にかけて江戸時代の屋敷構えを意識した裏座敷を増築した。2002年に国登録有形文化財に登録された。特筆すべきは多くの石が使われている庭園で、縁側から眺めると心が落ち着くのは自分だけではあるまい。

　ここから三叉路になり右手に船橋跡の石碑を見て、堤防をアンダーパスして河川敷に入る。隧道の向こうに木曽川の風景が見える。隧道の壁が暗く黒いので、額縁の中の絵のようだ。誇張していうと島根の足立美術館の「生の額絵」みたいに見えないこともない。また壁面には数え歌みたいなものが書いてあるが、それぞれ下のほうが消えていて意味は鮮明では

❾船橋跡　木曽川は、特別身分が高い人物の通行のみ船を繋ぎ止め、その上に板を渡した船橋が掛けられた。起宿の船橋は日本最大級といわれた。

❿母情の画廊　壁には「誘惑に思い浮かべよ母の顔」とある。「川遊びは気をつけなさいよ」というメッセージだろう。しかしこの枠の中の木曽川は美しい。

⓫河川敷内自転車道　河川敷内にはずっとこのピクトグラムが続いていく。左側は歩行者マーク。自転車道も充分の幅員がある。

ないが、川遊びで注意しなければならないようなことが書いてある。勝手に母情の画廊はこういうことかと思う。

河川敷を快走する

この先は自転車にはとても気持ちがいい河川敷の道が続く。所々に隧道があるが、道が大きく右へカーブするところから堤防に上がってみる。車道の横に盛り上がって自転車道がある。意外に走りやすい。もちろん河川敷にもサイクリングロードは続く。河川は大きな公園になっているが、こんもりとした木々の中に鳥居がある。千勝猿田彦神社だ。いわゆる猿田彦ではなく堤防の決壊を防ぐため本堤防からさらに猿の尾のように伸びる堤防を「猿尾」というが、この場所にあったとのこと。猿尾は江南市辺りの堤防に多くある。ちなみに堤防を越えた東に尾張猿田彦神社がある。このあたりは公園が整備されていて、テニス、スケボーのコースもあるので若い人が多い。

玉ノ井駅に向かう途中に賀茂神社に寄る。境内の湧き水で病気が治癒したこと

⑫金刀比羅社　起渡船場となる美濃路はこの先から船で墨俣宿へ向かうことになる。金刀比羅社さんはもともと海上交通や船員・船頭の守り神。

⑬千勝猿田彦神社　尾張猿田彦神社の奥宮。2019年に鳥居が新しくなったそうだ。鳥居の両脇の桜がきれいとのことで、最近は桜見に訪れる人が多いとか。

⑭堤防道路　河川敷から堤防の上に行ってみると、こちらにも自転車道がある。舗装の感じからこちらが本道かなと思うが、河川敷内の道はさらにきれい。

⑮木曽川緑地奥町地区　テニスもスケボーもできる公園。スケボーは滑りやすそうでいろいろチャレンジしている人も多く見受けられた。

から「玉ノ井」という名称になったといわれる。しばらく進むと、歩道が道路の中央にある道がある。道沿いに創業100年、「低速・多品種・小ロット」の丁寧なものづくりで海外ブランドを魅了し続ける織物工場「葛利毛織」がある。すぐ先が、名鉄尾西線最終駅「玉ノ井」駅である。

⑯奥町渡船場跡　江戸時代から対岸の羽島と往来していた渡船。織物業が盛んな両岸を結んでいたが、昭和30年代から利用者が減り、40年代に廃船。

⑰尾濃大橋　こちらは大垣江南線。鉄橋名が「濃尾」と「尾濃」なので間違えそうだが、いずれも大垣に向かう人なら大丈夫。

⑱賀茂神社　聖武天皇が境内に湧出する清水により光明皇后の病気御平癒し、それ以降この湧き水は疫病眼病を治癒すると伝えられている。

⑲歩道中央　道路中央に歩道がある珍しい道路。この辺りは毛織物工場が多かったので、昔は用水路だったのだろう。その上に歩道をつくったと思われる。

⑳葛利毛織　天然原料を中心に使用し、風合いを最大限に生かす伝統の低速ションヘル織機を使用し、設計、生産、販売をおこなっている老舗の会社。

㉑玉ノ井駅　ほとんどが地元の利用しかないと思うが、木曽川緑地まで徒歩で10分くらいかと思うので、小さいお子さん連れのママなら利用価値あり。

【多治見美術館めぐり】

アップダウンの繰り返しがおもしろい 多治見美術館めぐりサイクリング 【岐阜】

◉スタート場所…本町オリベストリート
◉走行距離／所要時間…約24㎞／7時間
◉子連れは不可
◉総合難易度……★★★★

自転車で昭和レトロを体感

多治見は名古屋から近いのにあまり行く機会がないのは自分だけだろうか。有名な「織部」があるので陶器の町ということ、そして日本で一番暑い町ということは知っている。

スタートはとりあえず本町オリベストリートの「ARTIGIANO」。なぜか、このパン屋さんは知っていた。このあたりの商店街か住宅街かわからない細い道を回ってみよう。うなぎ屋さんが多いのは、暑い夏でも熱い窯での作業があるので、スタミナづくりのためにうなぎを食べたという話を聞いたことがある。と同時に距離は短いが、昔は遊郭であったろうと推測できる通りもあった。やはり自転車でぶらつくとおもしろい発見がある。「織

❶ARTIGIANO　石窯から取り出した焼きたてのパンをイートインできる。オーブントースターが並び、焼いて食べられることが他のパン屋さんとは違う。

❷西ヶ原遊郭跡　町を周遊してみると何となくそうではないかという雰囲気があり、あとで調べてみたらやはりそうであった。昭和レトロがすごくいい感じ。

❸本町オリベストリート　一番きれいな通りでちょっぴり下り。気持ちがいい。一方通行の車道の両側に自転車が走行しやすいよう視覚分離されていた。

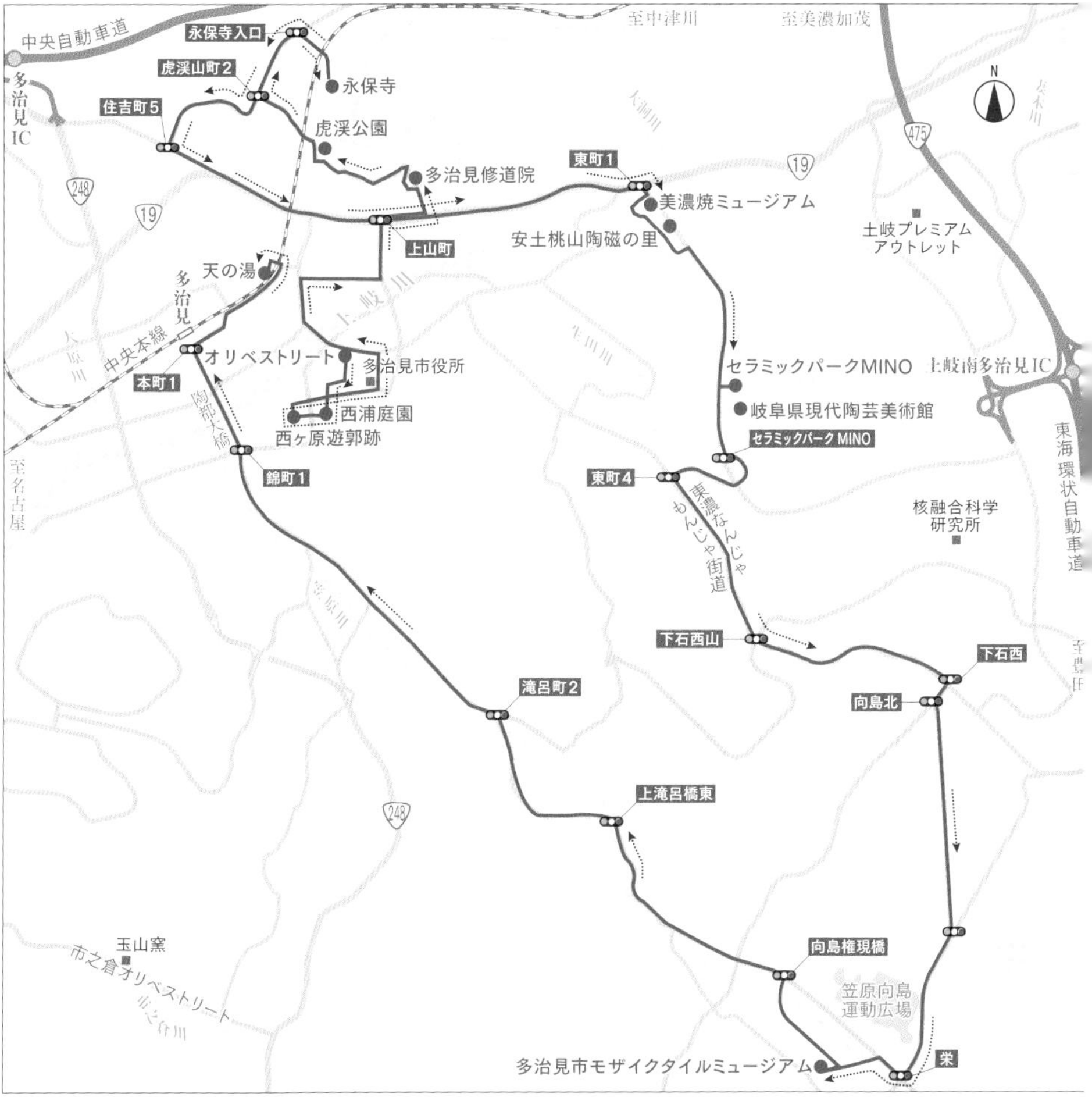

【コース】本町オリベストリート（周遊2㎞）→ 2.5㎞→多治見修道院→ 0.8㎞→虎渓公園→ 1.3㎞→永保寺→ 4.5m →美濃焼ミュージアム→ 0.3㎞→安土桃山陶磁の里→ 1㎞→セラミックパーク MINO → 0.4㎞→岐阜県現代陶芸美術館→ 6㎞→多治見市モザイクタイルミュージアム→ 4.5㎞→天の湯　（総計23.3㎞）

❹織部うつわ邸　築100年といわれる商家屋を改装した美濃焼ショップ。2階にギャラリーもあり、地元の有名作家のうつわが並ぶ。奥に庭園と茶室がある。

部うつわ邸」をチラリと覗いて土岐川昭和橋を渡り「ながせ商店街」を東進する。

❺ながせ商店街　どこの商店街も元気がないが、ここは音楽と陶芸の商店街としてがんばっている。若い人向けの飲食店も増えてきたのだろうという印象。

❻神言修道会多治見修道院　1930 年設立。神言修道会は名古屋市の南山学園における教育活動事業の拡張に伴い、宣教活動拠点は名古屋に移された。

辛い上り坂の先に絶景が待っている

最初の目的地は多治見修道院。白い壁に赤い屋根が美しい建物の南と東にぶどう畑があり、建物の地下室で醸造されたワインは多くのファンがいるそうだ。修道院正門前を道なりに住宅街の坂道を上っていくと林になり、お地蔵さんが並ぶかなりツライ上り坂を登りきったら虎渓《こけい》公園。多治見市街が一望できる。ここからは下り坂。下りきったT字路を右折して進むと「虎渓山永保寺」の看板。ちょうど修道院の山を挟んだ裏側あたりになるだろうか。ここも坂を下りきったら境内になる。夢想疎石によってつくられた庭園が素晴らしく紅葉と大きなイ

❼虎渓公園からの眺め　虎渓山高台にある公園。すべり台が付いている展望台から多治見市街地が一望できる。桜見の名所として知られ、春には多くの人で賑わう。

❽平和観音　ここまでの道はしんどかったが、この真っ白な平和観音に癒やされた。高さ 15m くらいかと思うが、見上げるのでそれ以上に感じる。

❾永保寺駐輪　踏切手前の駐車場から徒歩で永保寺へ。自転車も同様で単管製のラックが備えられている。

❿永保寺　周辺の自然条件を上手に活用した池泉回遊式庭園であり、浄土式庭園とも。橋の左側が現世で、国宝の観音堂がある右側が極楽とか。

⓫永保寺　国指定の名勝の永保寺庭園を上から眺める。岩山の頂部にある霊擁殿と呼ばれる六角堂に行きたかったのだが、庭園を撮ってしまった。

チョウが美しい秋に訪れてみたい。雰囲気も京都の名刹に劣らないほど立派で、観音堂と開山堂は国宝となっている。

　一気に坂を下る。多治見市は盆地になっているので、市街地へ向かうには下るし、郊外に出るには上ることになる。国道19号を土岐方面へは上ることになる。ロードバイクでツーリングしていた時分はおもしろかったが、スタートから続くアップダウンに小径でのポタリングはツラいと、ちょっぴり言い訳。

⓬保寿院　禅宗寺院で祖師や高層の死後、その弟子が師の徳を慕い、寄り添って建てられた寺院のようで、塔頭寺院といわれているそうだ。永保寺に隣接。

⓭美濃焼ミュージアム　志野・織部など桃山陶を中心に焼き物約150点と、人間国宝をはじめ美濃を代表する陶芸家の作品が約50点、常時展示されている。

⓮徳林院　この寺院も永保寺の塔頭寺院らしい。白壁が続いてお寺があるという風景は、京都にいるようなイメージがする。

⑮岐阜県現代陶芸美術館　登坂車線付き上り坂が延々と続いて結構しんどかったので、この大きなサインが見えたときホッとした記憶ばかりが思い出させる。

⑯岐阜県現代陶芸美術館　駐車場に自転車ラックがあった。多治見レンタサイクルののぼり旗があるが、ここまでレンタサイクルで来られるのは相当の強者。

陶芸・タイルミュージアムを一巡り

半ば登りきった信号を右折すれば「多治見市美濃焼ミュージアム」。美濃を代表する陶芸作家の作品や平安・鎌倉時代から現代まで美濃焼に関する博物館で、特に安土桃山時代に焼かれた織部、志野などの陶片を手にとって鑑賞できる。このあたりは安土桃山陶磁の里公園と呼ばれている。

　そしてここからも緩やかな上り坂。登りきったところに超高温材料研究センター。２０００℃の超高温に耐える材料として宇宙船の機体材料から核融合技術開発までを支援している会社らしい…それよりもここから下り坂がうれしいと思

⑰岐阜県現代陶芸美術館　美術館の中庭は水と緑と陶器とコンクリートの調和が美しい。展望台もあるが長い階段がある。さすがに今回は遠慮した。

⑱ループの下り坂　美術館が山の頂上で、ここから下り坂。登坂車線があるので、こちら側からも大変であろう。このループは下りでよかった。気持ちがいい。

⑲多治見モザイクタイルミュージアム　楽しみなミュージアムだが、ずーっと視覚的には気づかないほどの上り坂が続いていたので、すこしだけ休憩。やはり奇抜な建物だ。

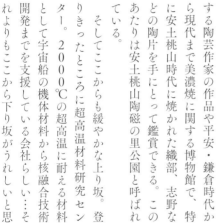

いきや、すぐに岐阜県現代陶芸美術館だ。立派なサイン塔がよく目立つ。

セラミックパークMINOの中核としての岐阜県現代陶芸美術館は19世紀以降の陶芸作品や実用品までをコレクション、展示しているが、森と水とコンクリートがコラボされた建築物が美しいのが第一印象。とくに駐車場からのコリドーの床の曲線と天井は素晴らしい。敷地内にはハイキングコースもあり、展望台からの景色もいいらしいが、今回は遠慮した。

次の多治見市モザイクタイルミュージアムへは下り坂。すぐに高速道路のランプウェイのような三叉路にさしかかる。

⑳多治見モザイクタイルミュージアム　天井はぽっかりと穴が開いており、蜘蛛の巣のように張りめぐらされたワイヤーに、モビールのようにモザイクタイルが付いた不思議なスペース。

大きく円を描く下り坂はとても気持ちがいい。めったにないシチュエーションだ。さらに下っていくと途中に「モザイクタイルミュージアム←」の案内看板があるので安心。下りきった三叉路を左折する。平坦な道がしばらく続くのもうれしい。

右手に煉瓦色の笠原公民館と黄土色の山のような建物が見える。やっと到着。タイルの原料を掘り出す粘土山をイメージしたデザインで、不思議な造形だ。内部は4層で、登り窯をイメージした直線に伸びる階段が美しい。4階にはポッカリと天井が開いた空間にモビールのように散りばめられたタイル。独特のオブジェで惹きつけられる。銭湯の絵タイルなど昭和の日常を思わせるものがモダンに展示されているし、ワークショップなども開催されているという。

㉑天信水神　天の湯の駐車場にある祠に「天信水神」とあるが、意味はよくわからなかった。元旦にお神酒などをふるまう歳旦祭がここで開催される。

交通量が若干多い県道を市街地に向け走行。思ったよりアップダウンが多く、今回は疲れ気味。多治見駅付近にドイツのバーデン・バーデン温泉から、トロン鉱石を輸入したまろやかな湯の「多治見トロン温泉天の湯」をゴールとした。

㉒天の湯　丸い大浴槽の外周にはジェットバスがあり、トロンの遠赤外線がさらに効くような気がする。寝湯やサウナ、ミストサウナもある。

【サイクルトレイン「長良川鉄道」】【岐阜】

距離はあるが川下へ向かうルートなら初心者向けの清々しいサイクリング

◉スタート場所…長良川鉄道関駅
◉走行距離／所要時間…約46㎞／9時間（列車時間含む）
◉子連れは不可
◉総合難易度……★★

サイクルトレインで郡上をめざす

自転車をそのまま持ち込めるサイクリング列車。名古屋から車で比較的アクセスがよい関駅から乗車することに。土日祝日は6時52分発のみと朝早いが、駅には鉄道利用者専用駐車場があり安心だ。目指すは郡上八幡駅。1両編成・ワンマン車両の運転手さんは対向列車を待機する駅で降車して、駅舎や周辺の説明をしてくれた。長良川鉄道への熱い思いが伝わった。

郡上八幡駅には7時52分着。朝早いこともあり、店は閉まっているが、モーニングのため入った喫茶店で地元の人と会話でき、人混みがない風景写真のポイントなどを教えてくれた。「日本名水百選」の第1号に指定された湧き水「宗祇水」、絵になる風景「いがわ小径」、そして江戸時代にタイムスリップしたような「やなか水のこみち」など、3月の山間部らしいピンと張り詰めた澄んだ空気の町を1時間ほど巡り、関駅を目指してスタートする。

❶関駅　チャギントンの派手な看板の前に自転車を置いて列車を待ってくださいと案内される。

❷関駅　列車が到着するが、単線なので対向列車が到着するまでの間、運転手さんが長良川鉄道について説明をしてくれた。

変化に富んだ川面を眺めながら

長良川沿いは国道156号、長良川鉄道、東海北陸道、県道が微妙に並行しているので関まで迷うこともない。安心し

❹美濃駅　対向車を待つ間、運転手さんが駅とその周辺事情を説明してくれた。ちなみにプラットホームの柱は古いレールを利用しているとのこと。

❸車両　乗客は自分たちを含めて３名。自転車を手で持っていればそのまま座席でOKだ。自転車用のスペースと固定ベルトがあったので、利用した。

❻郡上八幡駅　改装された駅舎だが、吊り下げられた郡上おどりの５つの提灯と郵便ポストと電話ボックスは昔のままらしい。

❺郡上八幡駅 「気をつけておでかけください」と跨線橋の階段入口で運転手さんが送り出してくれた。いろいろと説明・案内ありがとうございました。

❽郡上八幡駅　市内観光は自転車がベター。駅にはレンタサイクルが 9:00 ～ 17:00 まで利用できる。３時間以内 500 円、１日利用 1,000 円。

❼郡上八幡駅　鉄道のイメージと少しかけ離れるが、トイレはウオッシュレットできれいだった。(美濃駅も確かそうだった)。とりあえずスタート前に済ませておこう。

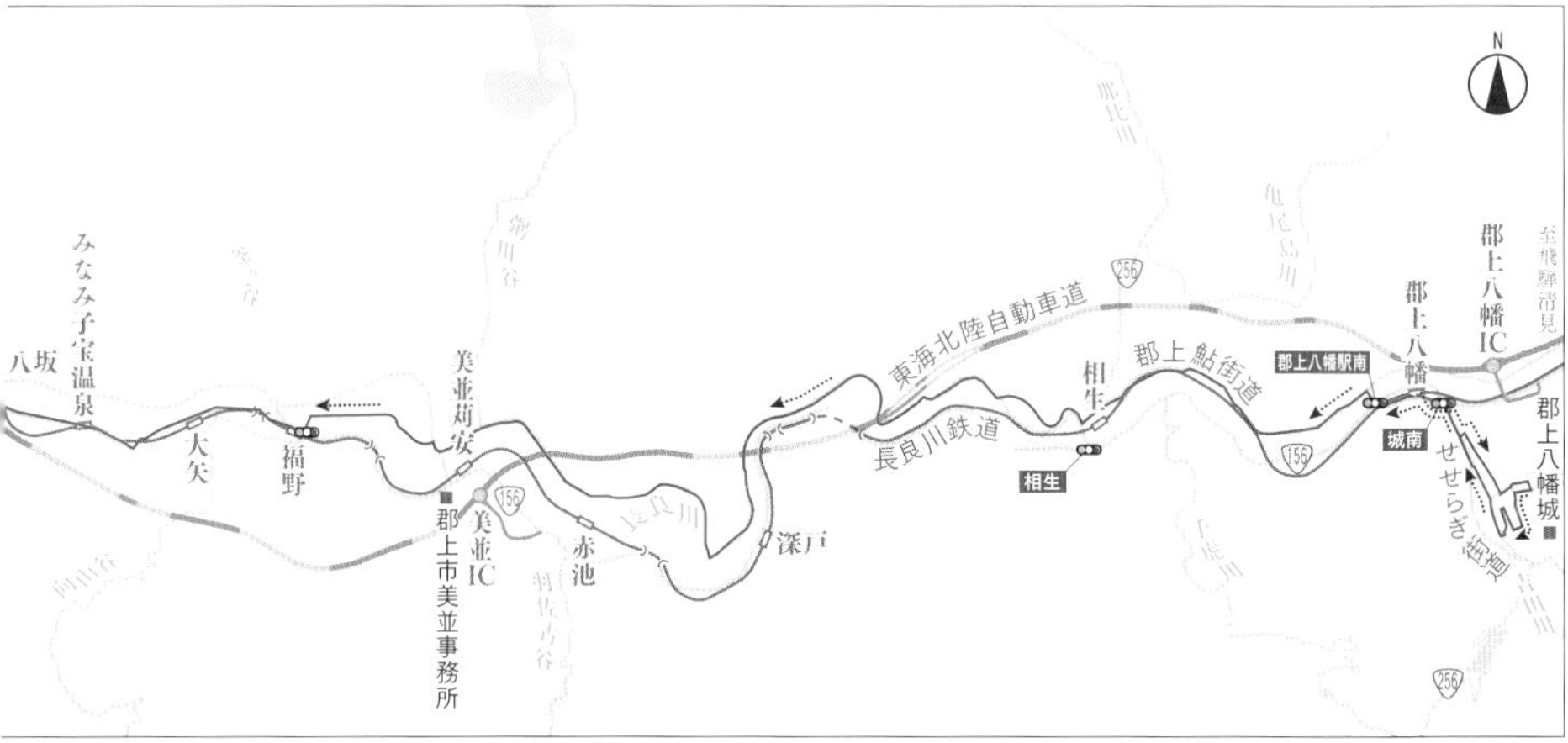

⑪いがわ小径　全長200mの水路沿い小径。鯉が放流されているが、常磐地蔵尊の化身なので、虐待・捕獲すると町内引き回し打首という看板があった。

⑩宗祇水　よく考えたら、ここまで自転車は押しちゃりでも絶対にダメだろうと気づいたが、来てしまった。ルール・マナー違反してたらゴメンなさい。

⑨宗祇水　9:00前に宗祇水入り口へ。普段はこの細い路地に沢山の人なのに、さすがに早朝で誰もいないのも違和感を感じたり…。

⑬郡上八幡町の町並み

⑫郡上八幡旧庁舎記念館　1994年まで役場として使われていたそうだが、現在は観光協会と産業振興公社がある。おみやげや物産品も販売している。

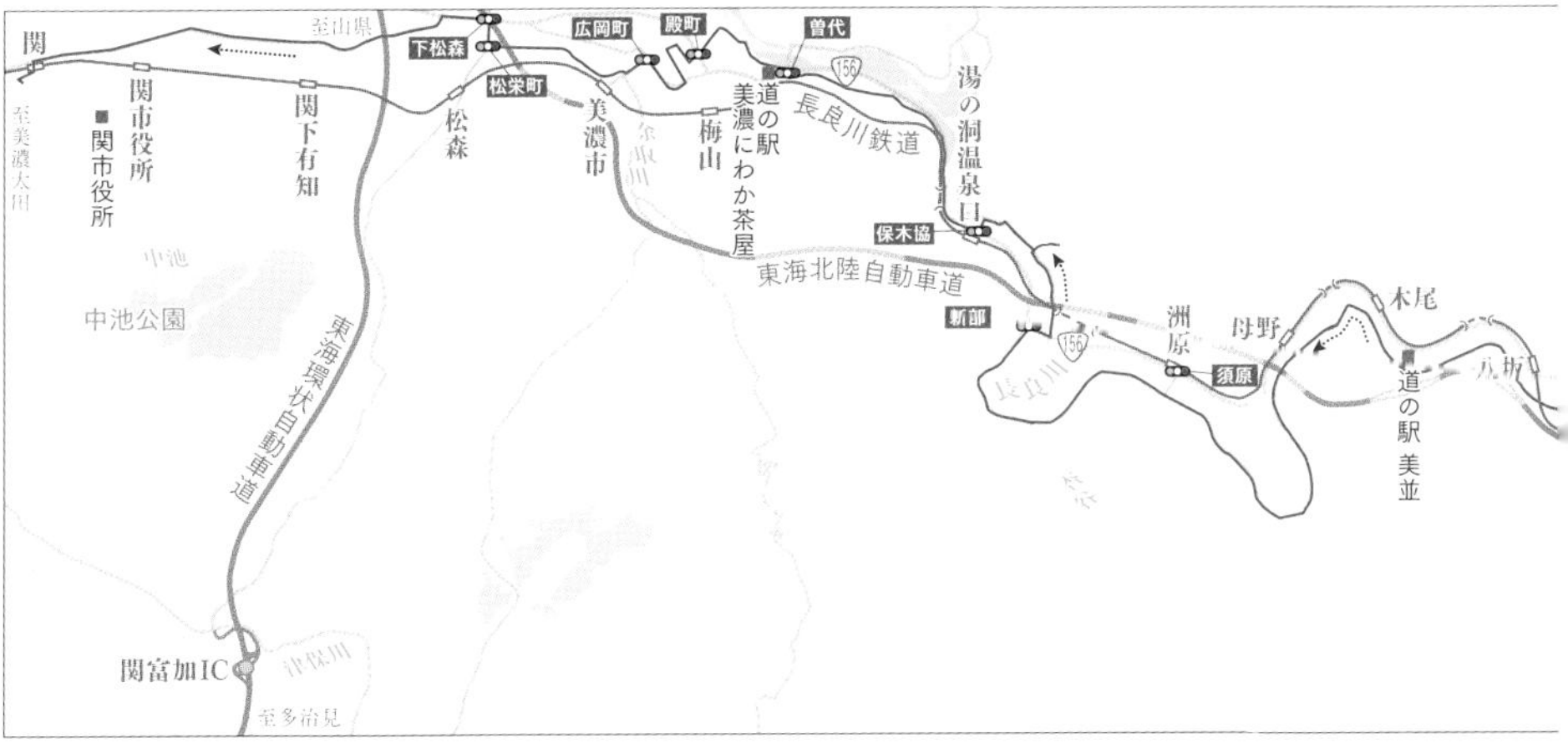

【コース】郡上八幡駅→ 1.5㎞→宗祇水→ 0.3㎞→郡上八幡旧庁舎・いがわ小径→ 0.2㎞→郡上おどり収納庫→ 0.3㎞→やなか水のこみち→ 1.3㎞→郡上八幡駅→ 1.2㎞→天満宮（県道 61 号線）→ 1.8㎞→ホテル宝泉対岸（県道 61 号線）→ 5.3㎞→東海北陸道高架下（深戸駅付近）→ 3.2㎞→杉並木（長良川アドベンチャー対岸）→ 5.5㎞（郡南中学校横から福野駅北の信号で国道 156 号横断して県道 324 号線に入る）→みなみ子宝温泉→ 0.6㎞→子安神社→ 4.5㎞→梅並木（ベルテクノプラント工場対岸）→ 4㎞→八幡神社（対岸西遠くに湯元館）→ 3.3㎞（国道 156 号を少し郡上方面へトンネル手前を左折して県道 291 号線へ）→長良川発電所→ 1.5㎞（橋を渡り国道 156 号を走行）→曽代用水→ 2㎞→川湊灯台→ 2.5㎞（うだつの上がる町並みを周遊して）→旧美濃市駅→ 6.3㎞（県道 281 号線）→関駅→ 0.3㎞（関駅構内を横断）→関善光寺　　（総長 45.6㎞）

⑯県道 61 号天満宮　最初の集落を通りすぎたら小さな神社があったので撮影。天満宮とあるが、絵になる雰囲気だった。

⑮県道 61 号　郡上八幡駅から国道 156 号を横断。長良川右岸の県道 61 号を関に向かってスタート。川と鉄道と国道と自動車道が平行して続く道。

⑭やなか水のこみち　玉石が敷き詰められた小道の両側は美術館。朝早いので、誰もいなかったが、風情のある通り。湧水がほんとうにきれい。

て走行できる県道を行くことにする。郡上の町を出て、しばらく走る。快晴で日向は暑いくらいだが、日陰に入ると結構寒い。ポタリングなので山登りの服装であるレイヤード（重ね着）の考え方が実用的であろう。

　県道では車にほとんど遭遇することなく、ジャージ・レーパン姿の元気なサイクリストが多かった。自分たちは川下方面に向かうので下りがほとんどだが、関方面から来るとなだらかな上り坂の連続。気づかないうちに足に負荷がかかるような道だ。交通量は気にしなくてよいので、ちょっとしたトレーニングには最適かもしれない。もちろん山道なので、川下方面に向かっても多少の上り坂（大したことはない）が随所にあるので覚悟は必要だが、そんな場合はキラキラ輝いたり、白く渦巻く流れだったり、変化に富んだ川面を眺めながら押しチャリするのも楽しいかと思う。

　トンネルと橋梁が多い東海北陸自動車道のダイナミックな橋梁は、のんびりとした風景と人工物のコントラストが何ともいえない美しさを醸し出している。よくこんな場所にこんな構造物を造ったな…と改めて思うのは自分だけだろうか。

　山道なので当たり前なのだが、木々に

⑰県道 61 号宝泉横　国道 156 号から大滝鍾乳洞に向かう県道の三叉路にある見覚えのあるホテルを見つけた。知っている景色を反対側から見ると新鮮だ。

⑱県道 61 号深戸駅手前　東海北陸自動車道の橋梁。地図上では進行方向の真東に深戸駅があるようだ。大した距離走ってないが、随分走ったような気がする。

⑲県道 61 号 長良川アドベンチャー対岸　木もれ陽がとても気持ちのいい場所。赤池駅と美濃刈安駅の中間辺り。長良川名物ラフティングボートを積載したワンボックスとすれ違った。

⑳県道 324 号子宝温泉　県道 61 号を外れてしまい、福野駅北の国道 156 号交差点に出た。国道を少し走って県道 324 号へ。今度は右岸を走り、踏切を渡ってしばらく進めば子宝温泉に着き、結果オーライだった。こちらから見ると駅舎だが、内部は温泉施設のお休み処となっている珍しい駅。

挟まれた道は気分がとてもいい。長野県戸隠神社の奥社へ向かう杉並木を連想させるというのは大袈裟かも知れないが、とにかく走っているだけで気持ちが良い場所もある。さらに集落ごとにあるかと思われる県道沿いの小さな神社も興味深い。

今まで右岸を走行していたが、この先は左岸を走行する。休憩する予定の「みなみ子宝温泉」駅に寄るためだ。この駅は駅舎がそのまま温泉施設になっていて、鉄道から見ればただの駅だが、温泉施設側から見れば列車が見える窓があるという具合だ。お昼前なのに結構人が入っていく。弱アルカリ性の単純温泉だが、すぐそばにある「勝原子安神社」が1990年の国勢調査で日本の人口重心地となり、日本の中心「ヘソ」に当たるということで、子宝に恵まれるよう名づけられたとか。

近代化産業遺産の数々

満開近い梅の花を見ながらしばらく走ると国道と交差、少しだけ国道を逆戻りして長良川右岸に。高速道路と長良川鉄

㉑県道 324 号子宝温泉　右が駅舎、左が日本まん真ん中温泉子宝の湯。長良川鉄道を利用して降車時に運転手から「降車証明書」をもらえば割引料金になる。

㉒県道 324 号子安神社　小さな神社だが、きれいに整備されていた。県道に自転車だからわかる小さな看板が目印。こういった小さな社が県道沿いには多かった。

㉓県道 324 号、洲原ひまわりの里手前の長良川が大きく蛇行するところに沿った道。沿いの日差したっぷりで快適。対岸に見える洲原神社をやり過ごしてしまった。

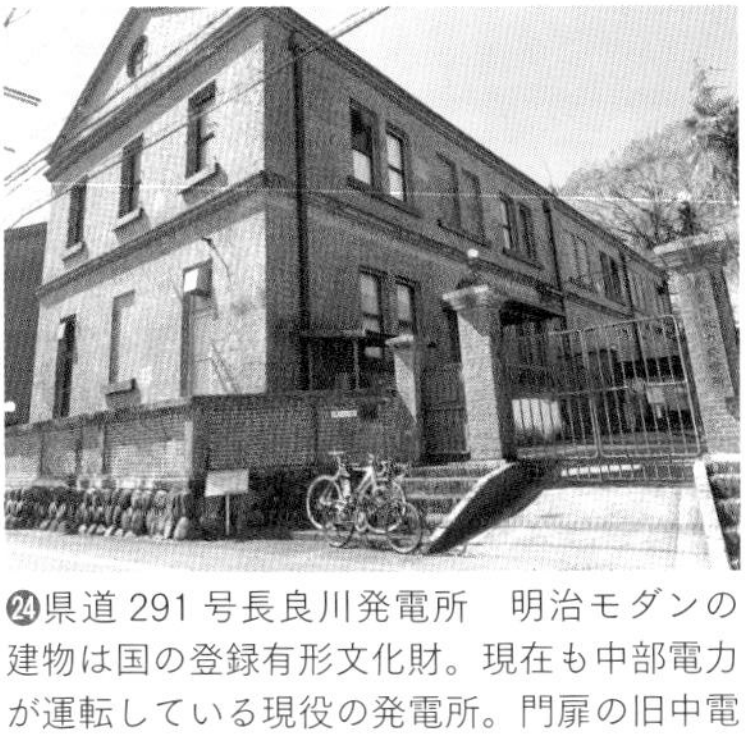

㉔県道 291 号長良川発電所　明治モダンの建物は国の登録有形文化財。現在も中部電力が運転している現役の発電所。門扉の旧中電のマークが時代を感じさせる。

道をアンダーパスして再び右岸を10分ほど走ると、レトロなレンガ造りの建物がある。長良川水力発電所だ。建物は近代化産業遺産に認定されているそうだ。明治時代から100年間電気を送り続けている。ダムを持たない水路式の発電所で、現役だ。

再び左岸に行くため国道を少し走行し、地域特産物直売所みちくさ館で休憩。脇を流れる用水は世界かんがい施設遺産の曽代用水。それに沿って美濃市街に入る。お食事処「山水」でランチ。写真を撮り損なったが、ボリューム満点の定食はサイクリストには大満足であろう。旧名鉄美濃駅で列車を見学し、関駅へ向かう。風景はすっかり郊外のイメージのまま関駅へ到着。15時00分だった。駅前の山にみえるお寺は関善光寺（宗休寺）。立派な石垣が見事だ。長野の善光寺の4分の1サイズとのことらしい。後で知ったが、日本で唯一の卍型戒壇巡りがあるとのことなので、次回寄ってみようと思う。

㉕曽代用水　農家主導で建設されたという用水で、世界かんがい施設遺産。奥の大きな屋敷も気になるところだが、用水は関市まで続いている。

㉖旧名鉄美濃駅　懐かしい路面電車が展示されている。大正時代の駅舎の中には、美濃市出身の野口五郎さんが上京するときの出発駅ということで、歌碑もある。

㉗関善光寺　石垣が立派な寺は関駅からも見えるので、出発前から寄ってみたかった。日本唯一の卍型の戒壇巡りがあり、多くの人が訪れているようだ。

㉘【上之保温泉ほほえみの湯】
関駅から車で30分ほどで行ける日帰り温泉。内風呂は木のお風呂と石のお風呂が週替りで入浴できる。露天風呂は広く見晴らしがいいので、山々から季節を感じることができる。少しぬるっとした肌触りがとても心地よい湯だ。

【column】ポタリングの楽しさを知ってもらうためにも ともだちにスポーツ自転車をすすめてみよう

朝に運動をすると血流が良くなり、脳を活性化させるといわれている。またしっかりとカロリーも消費してくれるので、ダイエットにも効果的ともいわれている。何も早起きしてジョギングやウオーキングしなくとも、ピッタリの運動がある。そう、「自転車通勤」すればいいのだ。それにはママチャリより楽に走行できるスポーツ自転車も必要だ…とメタボ予備軍もしくはメタボのともだちにすすめてみよう。

自転車は健康的になる方法とすすめてみよう

いつも電車や車で通勤していると、自転車で通勤するという発想はないかもしれないが、一度職場までの距離をグーグル・マップで調べてみよう。意外に近いことが発見できる。具体的に3kmから10kmくらいの距離なら充分に通勤圏内だ。というのも自転車のスピードを考えてみると、普通にコンビニに行くくらいで乗っているスピードは時速15km～20kmくらい。この速度は意外に速い。単純に計算すると、5kmであれば15分～20分くらい。10kmであれば30～40分くらいで到着する。たとえば広小路通りで測ってみると東方面なら栄から本山までが約5km、栄から本郷までが約10kmだ。「アレ、そんなもん？」って思うことであろう。地下鉄駅までの階段や電車の待ち時間を含め、同じくらいの時間で電車通勤しているのなら自転車通勤に切り替える時間的なデメリットはないはず。ちなみに広小路通りを西方面に向かうと、栄から中村公園までが約5km、あま市七宝町（ちょうど広小路通りの延長線がT字路になって行き止まりになっている場所）までが10kmになる。もし、ともだちが車通勤なら交通渋滞のイライラのストレスを感じることなく一定時間で通勤できてしまうことをアピールしてみるのもよい。

それでも「体力的に無理」と言われたら

手始めに休日に自宅から職場まで走ってみるようすすめよう。結構早く着くとか、意外と時間がかかるなどといったことがわかるのと、ぶっつけ本番で遅刻をしないようにするために。あとで恨まれては元も子もない。それでも10kmとなると、スポーツ自転車のサドルに慣れてないとお尻が痛くなるのは経験済み。そこで、毎週金曜日（休日の前日）だけ乗って徐々に慣らしていくようすすめる。おそらく2カ月もすれば慣れるはずだ。雨の日は乗らないようすすめよう。交通事情も変わるし、なんといっても安全ではない。たとえ防水ウェアを着ていても辛く思えばそこから先はない。ここは重要なことだ。

そして楽しくポタリングしよう

自転車通勤に慣れてくるとと20km、30kmくらいなら充分走ることができるようになるし、反対にともだちの方からサイクリングの誘いがあるかもしれない。でもいきなり長い距離の走行ではなく、のんびり自転車散歩しながら走るポタリングから楽しもう。近くのまちめぐりをすれば、もう少し遠くのまちめぐりへと欲が出てくるし、当然ともだちも自転車のスキルをアップさせているはずなので、お好きな場所へサイクリングすればよい。そのころにはともだちはメタボではないはずだ。

スポーツバイク初めてのともだちにオススメのバイクは、なんといっても「クロスバイク」。マウンテンバイクとロードバイクの「いいトコ取り」したような自転車でキツイ前傾姿勢をしなくともいいので街乗りに最適。ママチャリとは比べようのないスピードで自転車の楽しさが実感できる。この自転車はSCOTTというブランドで￥65,000コストパフォーマンスは最高。

【関ケ原の合戦「関ケ原パート１」】【岐阜】

それぞれの武将の陣跡をたどると戦い前の気持ちがわかる気がする

◉スタート場所…ＪＲ関ケ原駅
◉走行距離／所要時間…約14㎞／4時間
◉子連れＯＫ度…★
◉総合難易度……★★

変化に富んだアップダウンコース

世界三大古戦場といわれるのは、1815年のナポレオン最後の戦い「ワーテルロー」、1863年のアメリカ南北戦争最大激戦地「ゲティズバーグ」、それにこの1600年の「関ケ原」といわれている。多くの書籍、テレビ、映画等で紹介されているが、実際に現地へ行ったことがある人は少ないのではないか。ここはまた、672年に大化の改新を推進した天智天皇崩御後の皇位継承をめぐって争った「壬申《じんしん》の乱」の戦場でもある。実際にまわってみるとその案内看板も結構ある。

いずれにしても戦場の跡なので、看板や記念碑ばかり。寺院めぐりや古墳めぐりのような期待はできないが、自転車で走るとなると幹線道路あり、細い道あり、アップダウンありの変化に富んだルートでおもしろい。

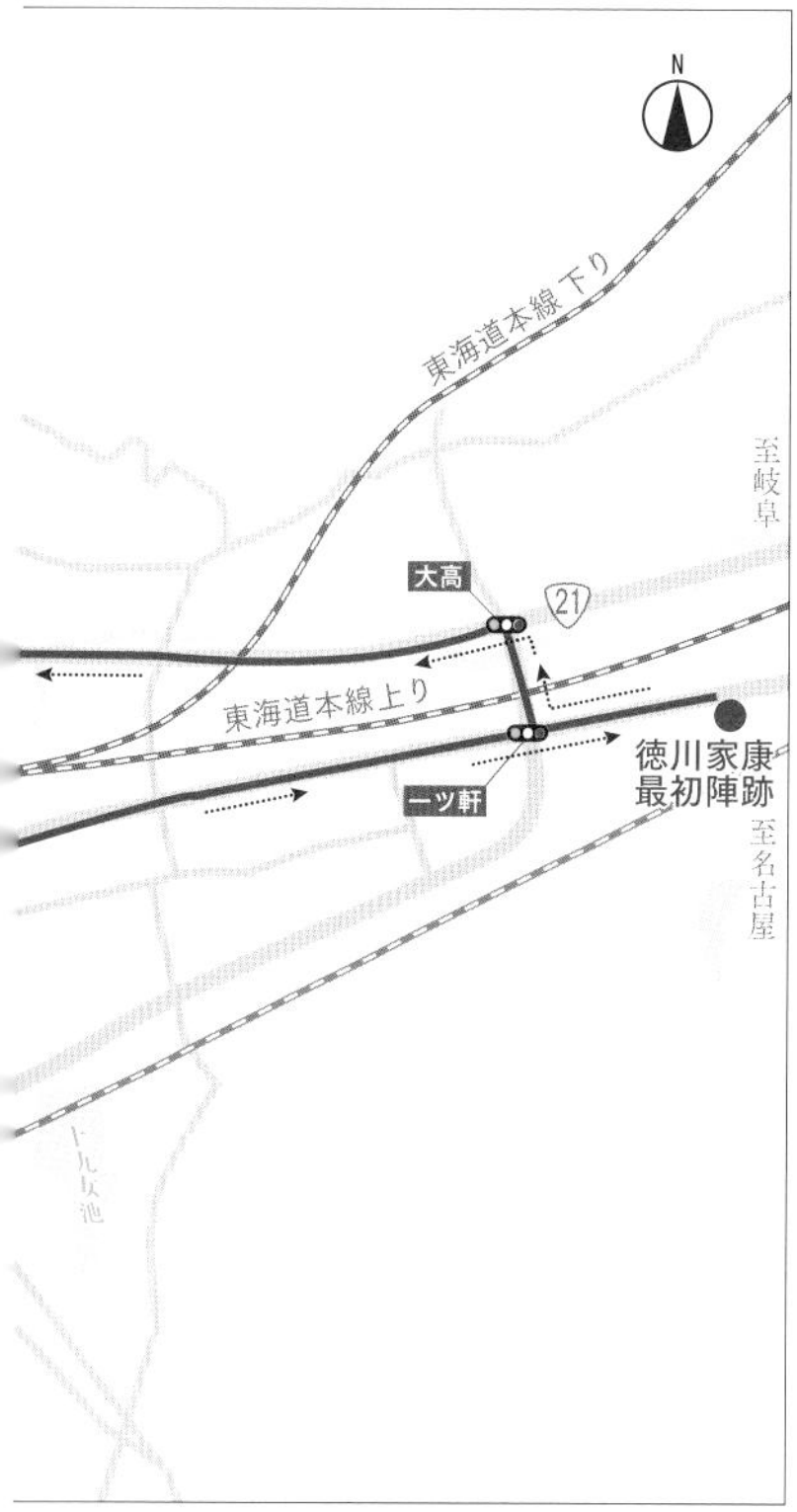

❶徳川家康最初陣跡　米原方面からはわかりやすいが、大垣方面からは国道21号に接しているので、わかりづらい。のぼり旗はたくさん立っている。

【コース】関ケ原駅→ 1.8km→徳川家康最初陣跡→ 2km→岡山烽火場→ 1km→細川忠興陣跡→ 0.5km→決戦地→ 0.2km→島左近陣跡→ 0.2km→石田三成陣跡→ 0.6km→島津義弘陣跡→ 0.3km→開戦地・小西行長陣跡→ 0.7km→宇喜多秀家陣跡→ 0.7km→平野為平の碑→ 0.7km→大谷吉継陣跡→ 0.6km→大谷吉継の墓→ 1.2km→福島正則陣跡→ 0.2km→藤堂高虎・京極高知陣跡→ 0.3km→西首塚→ 1.2km→本多忠勝陣跡→ 0.8km→東首塚→ 0.4km→田中吉政陣跡・徳川家康最終陣跡　（総計約 13.4km）

三成の陣営跡からの眺望はグッド

スタートは桃配山《ももくばりやま》の家康最初陣跡へ向かう。桃配山は壬申の乱で大海人皇子《おおあまのみこ》（天武天皇）が兵士に桃を配り快勝した由来から呼ばれるようになったという。家康が戦勝祈願の験を担いでここに最初の陣を張ったかどうかはわからないが、実際に登ってみると全体がよく見渡せる。家康が作戦会議に使ったテーブルと腰掛けに使ったといわれる2つの岩があるが、ちょっと離れすぎているような気も

❷岡山烽火場　国道 21 号バイパスからはよくわかる。ここへ行くには山を大きく回りこんで小さな駐車場の向かいから入る。距離は短いが、急坂。

する。国道21号のバイパスを西進、岡山烽火場へ。交通量はさほど多くはないので、快適に走行できるが、反対車線側には歩道があるので、お子さん連れならそちらのほうがいい。岡山烽火場へはほんの少しの上り。烽がどこからも見えるといいたいが、石田三成陣からは見づらいかも。細川忠興《ただおき》陣跡から決戦場、石田三成陣跡まではのどかな道だ。石田陣営までは至近距離なのはちょっと驚く。映画『関ヶ原』で観た島左近《しまさこん》陣営が東軍に攻められ、全員槍で突かれるシーンの傾斜を探す。演出とわかっていても案内看板あたりと勝手に想像する。三成の陣営は後方の山の上。ここだけちょっと観光地っぽいが、一番見晴らしがよく、戦場の大部分が見渡せる。

武将たちの事蹟に触れよう

ここからゆるやかに下り、国道365号を横断。住宅地の細い道でさらにカーブや二股が多く間違いなく迷うと思うが、

❸決戦場　田の中にポツンとあるのぼり旗が目印。石田三成の陣営は至近距離にある。背後を見ると少しだけ小高くなっていることがわかる。

❹石田三成陣跡　再現された山腹の馬防柵の上段にあるため、遊歩道の階段を徒歩で上る。展望台があるので見逃しがちな三成陣地石碑もお忘れなく。

❺島左近陣跡　石田三成陣のすぐ前にある。鬼気迫る猛将の怒号は黒田長政軍の耳にのこり、戦い後も幻聴・悪夢にうなされたという。

❻合戦場を望む　展望台からは関ケ原全体が見渡せる。三成の気分が少し味わえるような気がする。正面左手は恐らく桃配山であろう。

陣跡はのぼり旗が目印なので安心だ。敵前を正面突破した島津義弘陣跡に到着。南には小西行長《ゆきなが》陣跡と関ケ原開戦地がある。このあたりは車は少なく、あぜ道を簡易舗装したような道だが、走りやすい。さらに南西方向の雑木林の中に宇喜多秀《うきたひで》家《いえ》陣跡がある。押しチャリしなければならないような道で、そのまま進むと藤古《ふじこ》川ダムで行き止まり。引き返して国道21号の松尾交差点を右折、次の信号を左折すると平塚為広《ためひろ》の碑があり、その先の左側に大谷吉継《よしつぐ》陣跡と墓がある。個人的に好きな武将なので、お墓参りに行く。ここは15分くらい歩かなければいけない。

正面に小早川秀秋《ひであき》陣跡がある松尾山を見ながら来た道をまた戻り、国道21号を越え、旧中山道に入る。細い道だが、走りやすい。ゆるい上り坂の途中に不破の関がある。壬申の乱の翌年に天武天皇が設けた関所で、ここを境に関の西側を関西、東側を関東の呼称が使われるようになったとか。100mくらい先に井上神社と書かれた石柱があり、曲がると福島正則陣跡。月見山大杉という老木の横にある。

関ケ原中学校向かいに藤堂高虎《とうどうたかとら》・京極《きょうごく》高知《たかとも》陣跡。住宅地で幅員が狭い。そして国

❼島津義弘陣跡　国道365号を横断して狭い道路で民家の中を通り抜けるので少し迷うかもしれないが、こんもりとした木々を目印にするとよい。

❽開戦地　福島正則を出し抜いて松平忠吉が宇喜多秀家に発砲して合戦が始まったとされるが、ここからは小西行長陣の方が近いと思うがいかが？

❾小西行長陣跡　キリシタンの小西行長は自害できないため敗走後に名乗り出たという。開戦地石碑から運動広場横を通り、その奥にある。

❿平塚為広の碑　小早川の猛攻に「もはやこれまで」と思った時に親友大谷吉継のもとへ辞世の句を送ったという。陣跡が不確実でこの辺りであろうという石碑。

道に戻れば西首塚。通行量が多い国道を横断しなければならないので要注意。関ケ原IC方向へ右折して本多忠勝陣跡を探す。民家と駐車場の間の細い道の奥にあり、見つけにくい場所。

関ケ原駅まで戻り、東海道本線を跨いですぐ左手には東首塚。家康が西と東に首塚を造営してすべての首や遺骸を葬らせた。またこの場所は松平忠吉・井伊直政の陣跡でもある。

そして400mくらい先に田中吉政陣跡がある。合戦後に捕らえられた石田三成が腹痛で苦しんでいる際、「ニラ粥」を勧め、三成から脇差を授かったといわれる。そしてそのすぐ先が徳川家康最終陣跡。三成の陣までは約1kmくらい。整備された公園になっていて、脇には歴史民俗資料館。自転車散歩的に家康の最初陣からスタート、最終陣はゴールだ。

関ケ原古戦場は陣跡めぐりなので何も残っていないが、コースを明確にすれば、ポタリングやウオーキングの良いコースになるのに…とふと思った。

⑪大谷吉継陣跡　小早川秀秋の陣がある松尾山が正面に見える。横から1万5,000もの敵が襲ってきて600で対応では覆すことはできなかっただろう。

⑫大谷吉継の墓　多くの西軍武将は関ケ原からの脱出しているが、大谷吉継は自害という選択をしている。案内看板の説明文は必見。

⑬不破の関守址　東海道の鈴鹿関、北陸道の愛発関とともに古代三関のひとつ。いずれにしても畿内を守る要であったことは間違いない。

⑭福島正則陣跡　樹齢800年「月見の宮大杉」がある春日神社の境内に陣跡はある。三成への確執から家康に味方し、後に後悔する武闘派の陣跡。

⑮藤堂高虎・京極高知陣跡　元々家康と親交があり、松尾山の寝返りを調略した高虎と、合戦前に大津城を攻略した高知の陣跡は関ケ原中学校の駐車場内にある。

⑯西首塚　主に西軍の将兵を埋葬・供養したと言われているが、あまりにも数が多く、どちらの兵なのかわからないので、別名「胴塚」ともよばれている。

⑰本多忠勝陣跡　井伊直政の代わりに軍監を務めた本多忠勝の陣跡は民家と駐車場の間の細い道奥の住宅に囲まれた場所にあるので、静かに見学を。

⑱東首塚　井伊直政・松平忠吉陣跡の横にある首塚の広場には「血洗いの井戸」という古井戸があり、ここで討ち取った首を洗ったといわれる。

⑲家康最終陣地　全軍を鼓舞するため桃配山からこの場所に陣を置いた場所がこの床机場。合戦終了後に東軍の諸将が集まった場所。

⑳【うらぎりサイダー】
関ケ原町歴史民俗資料館が2020年7月に新築でリニューアルオープンのため、残念ながら見学できなかったが、関ケ原駅前観光交流館ではおみやげもたくさん販売している。なかでもおもしろいネーミングが「うらぎりサイダー」。関ケ原のいちごと岐阜の名水を使用した天然サイダー。見た目は青いがすべてを裏切ったいちご味。

【壬申の乱「関ケ原パート2」】【岐阜】

あまり知られていないからこそ回ってみる価値は大きいと思う

●スタート場所…JR関ケ原駅
●走行距離／所要時間…約17km・4時間
●子連れOK度…★
●総合難易度……★★

関ケ原の合戦の陰に隠れて

関ケ原の戦いは1600年の石田三成と徳川家康との戦いだけでなく、さらに928年前には壬申の乱の舞台でもあった。

壬申の乱は天智天皇が崩御すると本来ならば同じ母から生まれた弟の大海人皇子（後の天武天皇）が後継者になるのだが、天智天皇は息子の大友皇子を後継者にしようとする。大海人皇子は出家して辞退するも、大友皇子が攻めてくるということを耳にして出兵して戦った内乱である。近江京の天智天皇の息子大友皇子は近江側と呼ばれ、大海人皇子は吉野で出家していたので吉野側と呼ばれている。関ケ原は吉野側が近江に攻め入る際、不破関で琵琶湖の北回りと南回りに分け進軍させた場所でもあり、攻めてきた近江側と戦った場所でもあるわけだ。

蛇足だが、壬申の乱は戦前では天皇家が争ったということなので、学校の教材には扱われなかったと聞かされた。そのためかどうかはわからないが、認知度も少なく、訪れる人の関心の割合は、1600年の関ケ原合戦の1割以下と、不破関資料館の学芸員さんから聞いた。

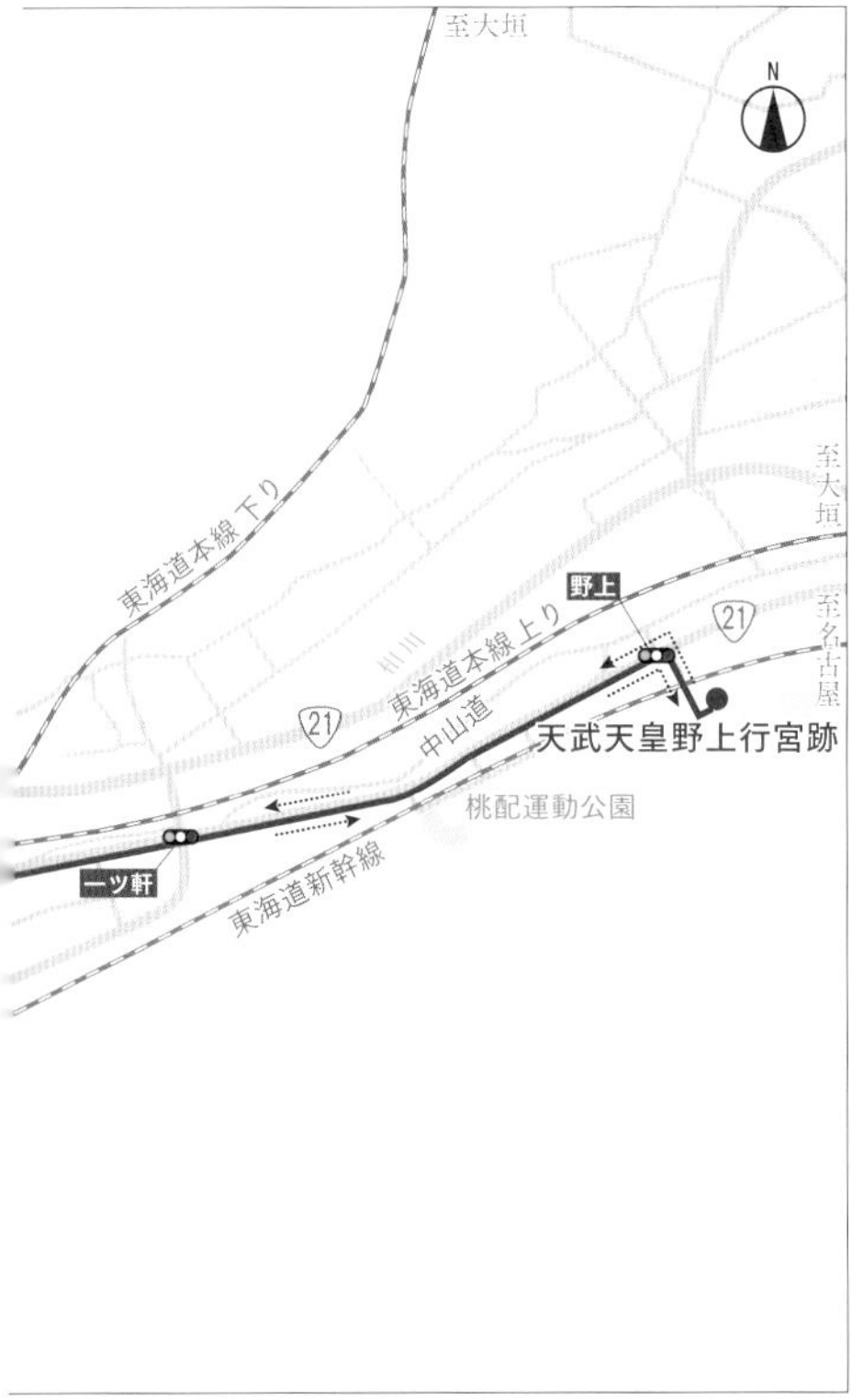

東軍・西軍の戦いを実感

【コース】関ヶ原駅→ 3km→天武天皇野上行宮跡→ 4.6km→北限の土塁跡・東北角の土塁跡→ 0.5km→東城門跡→ 0.2km→不破関跡・不破関守跡・不破関資料館→ 0.2km→西城門跡・戸佐々神社→関の藤川（藤古川）→ 0.3km→藤下若宮八幡神社→ 1km→井上神社→ 0.3km→南限の土塁跡→ 0.8km→鍛冶工房跡→ 0.3km→兜掛石・沓脱石→ 0.8km→自害峰の三本杉→ 0.8km→黒血川→ 0.1km→鶯の滝→ 3.5km→玉倉部大橋　（総長 16.4km）

❷東城門跡　関の東端で城門は壬申の乱後、この不破が東西交通の要であるのを認識した天武天皇は関所を設けた。福島正則陣跡看板に惑わされる。

❶天武天皇野上行宮跡　とにかくわかりづらい。新幹線のガードをくぐると墓地になり、さらに進むと右側に看板がある。看板がなければただの草原だ…。

前置きが長くなったが、スタートの関ヶ原駅から国道21号を大垣方面へ向かうと家康最初陣地の桃配山があるが、さらに東へ700mくらい先の右に大海人皇

❸北限の土塁跡　一番奥に見える駐車場の手前に土塁跡が２つ並んでいる。手前左が北限で右側が東北角の土塁跡だろうか。

❹北限の土塁跡　夏場は草ボウボウで何が何だかわからないが、資料館の話だと100mぐらいは土塁の上を歩くことができるようだ。冬場に再来してみよう。

❺東山道　東北多賀城から碓氷峠、園原、神坂峠、不破から勢多までの長い街道。資料館の裏から見ると道筋がよくわかる。正面はあの松尾山。

子の野上行宮跡がある。

ここから国道21号を引き返し、二股になった箇所が東城門跡。これも立て看板のみ。考えてみればおよそ1300年前のものが残っているわけがなく、当たり前のことか。すぐ先の松尾交差点を右折、東海道本線を越えて左折すると不破の関北限の土塁跡。土塁とは地面を掘って、その土を台形状に盛り固めて造った砦。現在もその形が残っていることが感慨深いが、前日までの雨もあって草がぼうぼう。秋に来ればはっきりと土塁がわかると思う。再び東山道（中山道）に戻って不破関守跡があり、その向かいに不破関資料館。西側眼下には藤古川があり、川の手前に不破関を守る戸佐々神社。小さな祠だけが残っている。と同時に西城門跡。不破関の西限は藤古川、堀のような役割だったのだろう。

ここから南下して東海道新幹線の手前に大友皇子（弘文天皇）を祀る藤下若宮八

❻不破関守跡　関は789年に停廃され、それ以後は関守が任命された。関守宿舎は推定値の西南角に東山道（中山道）を挟んで位置した。

幡宮。新幹線の高架をくぐると道が東に向き、川を越えて道なりに行くと、大海人皇子を称え川の東の松尾地区の住民が創建した井上神社。藤古川を挟んで戦った大海人皇子と大友皇子。神社の位置関係からもまさに東軍・西軍の戦いが実感できる。新幹線を越えて左に回って道なりに進むと南限の土塁。この真東に鍛冶工房跡があるので。直線に土塁があったことが確認できる。鍛冶工房跡は畑になっていて何かわからない。

東山道を不破関跡に戻る途中に大海人皇子の兜掛石と沓脱石があるが、先ほどは気づかず通り過ぎてしまったようだ。しかし北・東・南を土塁で囲み、西は藤古川に囲まれた大き

❼西城門跡と戸佐々神社　不破関を守る神社であり、天武天皇を祀る神社。672年壬申の乱直後に創建されたといわれている。小さな祠が残っている。

❽藤古川　この川を挟んで戦ったとされる。後の関ケ原合戦でもちょっとだけ北になるが、大谷吉継がこの川を活かして陣を張った。

❾藤下若宮八幡社　1320年に弘文天皇（大友皇子）を祀るために創建されたが、定かではなく、本殿は檜皮葺きの桃山様式とされるが、現在は違うようだ。

❿南限の土塁跡　南限の土塁から北限の土塁までは432m、東西112mあったそうで、関ケ原の戦いの時代にも残っていたそうだ。

⓫井上神社　藤古川の東側、天武天皇を祀った神社。地元美濃の兵士が大海人皇子側について大活躍したことが勝因とされている。

な関所ということがわかる。自転車だからさほど感じないが、歩くと結構な距離だ。不破関は117年後の789年に廃止され、その後は関守が任命され、関庁が設けられた。江戸時代には芭蕉の野ざらし紀行で「秋風や藪も畠も不破関」と詠われている。

　そして藤古川までの急坂を下ると、今度は急な上り坂。登りきったあたりの変則的な4差路の正面の小さな祠の辺りに矢尻の池。水を求めて大友軍の兵士が矢尻で掘ったものと伝えられている。少し進むと案内看板に「自害峰の三本杉」。ちょっと恐ろしい名称だ。藪の中から階段を上る。30mくらい進むと三本杉がある。大友皇子は最終的に近江の瀬田で敗れ、大友皇子は自害し、その頭がこの丘に葬られたと伝えられ、弘文天皇の御陵候補地。すぐ側の黒血川は、戦いによる両軍の兵の血で川底が黒くなったので命

⑫鍛冶工房跡　鉄の産地でもあったようで、天武天皇は関内の中心部であったこの辺りに約一町（108 m）四方の関庁を設けたといわれている。

⑬兜掛石　大海人皇子が壬申の乱のときに兜を掛けた石と伝えられる。民家の駐車場から入って軒下を伝っていくので、ちょっと不安になる。

⑭沓脱石　兜掛石の左斜め後ろに、大海人皇子が靴を脱いだ時に足を掛けたという石があるが、住宅の草花に埋もれた石なのでわからないほど。

⑮矢尻の池　付近には2つの泉があったらしく、「弘文天皇矢先の池」と「矢尻の池」と呼ばれ、大友軍が掘ったといわれる。今は枯れている。

⑯自害峰の三本杉　この看板に従って行くと写真後方の戦国ロードに出るので、そこからのほうが階段がわかりやすいので、行きやすいと思う。

⑰黒血川　藤古川の支流。大友軍は玉倉部邑を経て大海人軍の側面急襲を仕掛けたが撃退された。激戦で多くの兵の流血で川底の石を黒く染めたといわれる。

⑱鶯の瀧　鎌倉・室町時代に宿町として栄え、江戸時代には街道の休息地になり、年中鶯が鳴く平坦地の滝として旅人の心を癒やす名所だった。

⑲戦国ロード　国道365号に向かい少し上り坂になるが、交通量も少なく、舗装状態もよいので、自転車は走りやすい。大谷吉継陣跡の入り口がある。

名されたとか。

自害峰の三本杉の道まで戻り、左折して国道21号と新幹線を横断。戦国ロードと表示されている黒血川と平行している快適な道路を北上する。国道365号と繋がる手前の玉倉部大橋付近は大友軍が不破の藤下へ奇襲を掛け、激戦の末、最終的に押し戻された場所。結構深い谷だ。

関ケ原は壬申の乱や関ケ原の戦いがあり、南北朝時代の青野原の戦いも大垣・不破である。史跡も多く、車では回りにくいが、自転車なら最適な距離であり、走りやすいのでオススメしたい。

⑳玉倉部大橋　大友軍が最後に撤退した場所といわれる。橋を渡り右折して国道365号を走れば（ずっと下り坂）関ケ原駅に到着する。

㉑【駅前観光交流館】

裏切りのサイダーはじめ、お土産を販売している観光交流館にはレンタサイクルがあるので便利だ。合戦の古戦場にしろ、壬申の乱にしろ、見学ポイントは割りと固まっているものの、歩くには時間がかかるし、車は入れない箇所があるので、自転車が一番便利だ。コインロッカーもある。レンタル料金は4時間500円、1日1,000円。電動アシスト付きもあり。

【四日市を再発見する】

海から少し離れるだけで緑豊かな四日市に変化する【三重】

◉スタート場所…四日市港ポートビル
◉走行距離／所要時間…約29㎞／6時間
◉子連れOK度…★★
◉総合難易度……★★

コンビナート真っ只中からスタート

昼近くに四日市港ポートビルを出発。晴天だが、北西の風が強い。まわりに建物が少ないから…といってもコンビナートのまっただ中だが、それゆえに道路や植林が整備されていてとても美しい。シドニー港通りという名称は四日市港とシドニー港が姉妹港提携しているのと、1970年大阪万博のオーストリア館がココに移設された関係からだろう。少し前まで、スカイフック（片持梁）からワイヤーで屋根を吊るしている独特のスタイルが、まるで首長竜のように名四国道から見えたことを覚えている方も多いと思う。

とりあえずランチをとるために思い出したのが、「まぐろレストラン」。北西からの向かい風に逆らって名四国道と平行している道をペダリング。ほどなく向か

❶四日市港ポートビル　長い直方体の建物はこの辺りのランドマーク。14Fの展望展示室「うみてらす14」は全国的にも有名になった四日市港の夜景が一望。

❷ヒモノ食堂　店頭で選んだひものをレジで渡し、席に着いていると番号札の番号が呼ばれたら受取りに行くセルフサービス制。いつも大盛況みたい。

❸県道401号　走行したのは自歩道だが、散歩道があるので歩行者、自転車、自動車と完全に分離され、さらにきれいに植樹もされた完璧な道路。

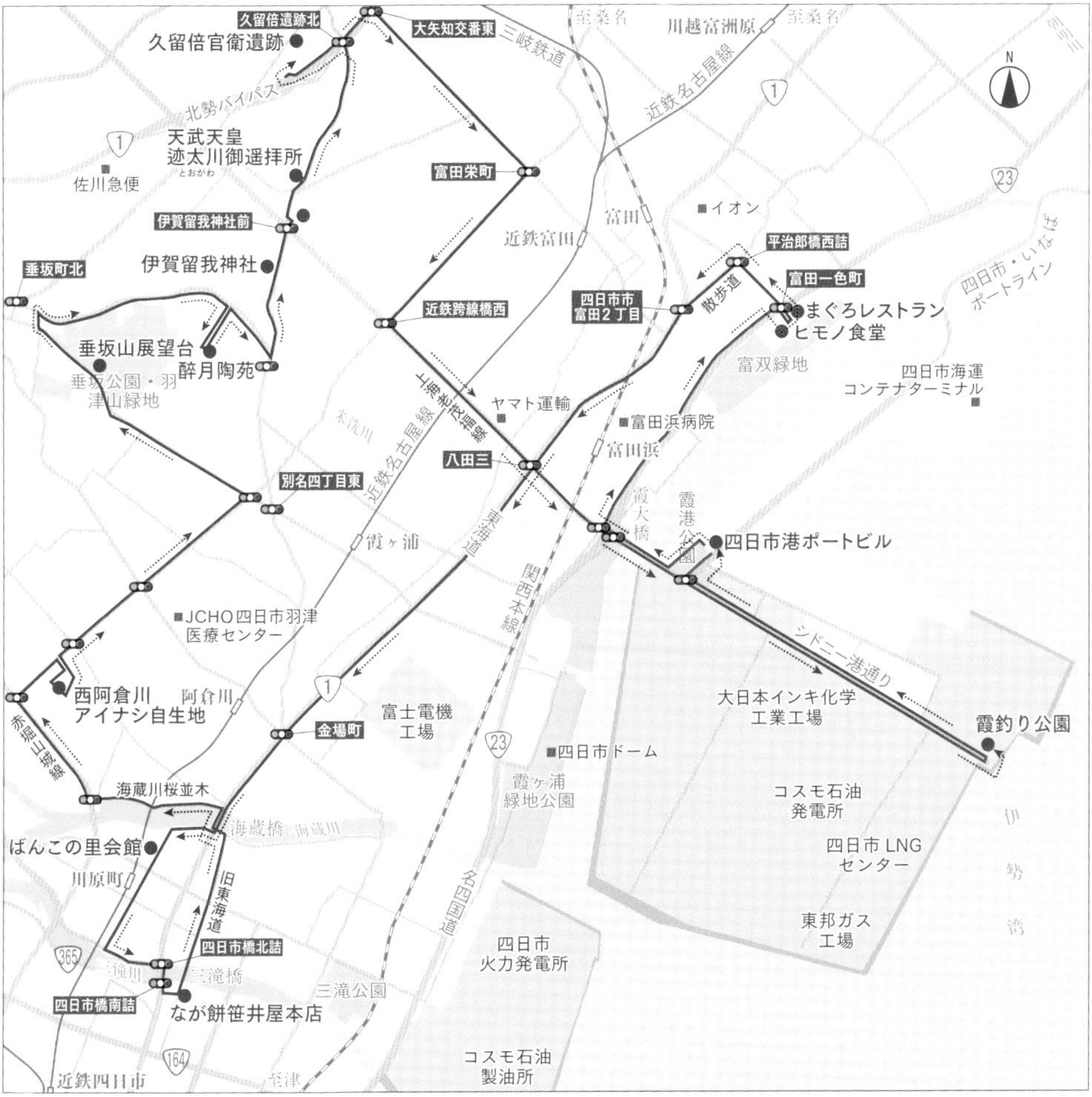

【コース】四日市港ポートビル→2.3km→ヒモノ食堂→4.8km→ばんこの里会館→1.2km→なが餅笠井屋本店→1km→海蔵川桜並木（海蔵橋）→2km→西阿倉川アイナシ自生地→2.6km→垂坂山展望台→2km→醉月陶苑（すいげつ）→1.1km→伊賀留我神社（羽津戌）→0.3km→伊賀留我神社（茂福甲）→0.3km→天武天皇迹太川御遥拝所→1.9km→久留倍官衙遺跡→6.7km→霞釣り公園→2.1km→四日市港ポートビル　（総長28.3km）

❹ばんこの里会館　ギャラリー、即売所や陶芸教室もある。2Fの「にじいろ堂」では日替わりシェフ、日替わりメニューでランチがいただける。（要予約）

❺萬古神社　5月の第2土日曜日の「萬古まつり」は多くの人でにぎわう。やはり土鍋と急須が人気で窯元や問屋さんとの掛け合いが楽しい。

❻笹井屋　餡を包んで平たく伸ばした餅の両面を香ばしく焼き上げた「なが餅」は、藤堂高虎が「武運のながき餅を食うは幸先良し」と喜んだそうだ。

いに「ヒモノ食堂」。ランチは刺身より干物だろうということで、迷わず入る。アジやキンメダイなどたくさんの種類からチョイスしてその場で焼いてくれる。定食にすると小鉢も1つ選べるのがうれしい。

国道1号を南下して「ばんこの里会館」へ向かう。交通量は多いが、大型トラックが多い国道23号に比べれば格段に走りやすい。湯の山辺りから戻ってくるのであろうサイクリストとよくすれちがった。到着したら向かいにひっそりと「萬古神社」があったが、毎年5月には萬古まつりで大賑わいになるそうだ。

国道1号の三滝川を渡り、1本東の旧東海道沿いに「なが餅笹井屋本店」がある。桑名から伊勢までの参宮街道は別名「餅街道」と呼ばれ、素早く食べられる餅が名物になってきたそうで、代表格は伊勢の赤福だが、個人的には両面が軽く焼いてある四日市の「なが餅」が一番好きだ。桑名から伊勢まで13種類の餅めぐりもいつか挑戦したい。

❼旧東海道　笹井屋前の通りは旧東海道。笹井屋は1550年（天文19）、通りにあったお餅屋さんの創業は文政年間（1820年～）。まさに餅街道。

❽海蔵川　海蔵川を渡り、国道1号をアンダーパスしたら桜が満開。海蔵川の桜並木は四日市では有名で、見ることができたのはラッキーだった。

強風に負けず垂坂山を目指す

旧東海道を海蔵川まで戻る。桜並木で有名だが、たまたま1本だけ満開だったのはラッキーだった。相変わらず鈴鹿山脈からの強風に向かって垂坂山を目指す。途中「西阿倉川アイナシ自生地」とあるので寄ってみる。なかなか見つけにくい場所で、住宅街のなかにあった。フェンスがしてあるが、自由に出入りでき、よく整備されていて好感が持てた。そしてここからはわからない程度だが、緩い上り坂が続く。ペダルが少しずつ重くなってくるが、ギアチェンジするまでもない。垂坂山麓まで来ると明らかに上り坂とわかるので、ひとふんばり。

垂坂山は自転車も含め、車両乗入れ禁止。風さえ避ければポカポカ陽気なので、家族連れが多い。自転車を降りて展望台まで歩く。木々が風を避けてくれるので暖かいのか、向かい風を走ってきたので、身体が熱くなっているのかわからないが、気持ちよかった。展望台からの眺めは最高だ。少し霞んではいるが、視界の左には

❾海蔵川　海蔵川の堤防は向かい風。鈴鹿山脈でも特徴ある「鎌ヶ岳」がうっすらと見える。河川敷にはユキヤナギ（かな？）が美しかった。

❿赤堀山城線　ココは四日市なのだろうか？という感じがするようなロケーション。広く広がる風景はまともに向かい風で少しシンドイが、快適に走れる。

⓫垂坂公園　たくさんの植物であふれる整備された公園。面積も広いが、高低差もあるので、散策やピクニックに最適。自転車は入ることができない。

⓬西阿倉川アイナシ自生地　明治時代、イヌナシの果実よりも大きく、栽培ナシより小さい樹木を発見。野生ナシで学術的に価値が高いため、国指定天然記念物。

⑬垂坂公園　南の駐車場から道なりに高台へ登れば展望台がある。四日市市街はもちろん、知多半島、名古屋まで見渡せる。夜景スポットとして有名。

⑭酔月陶苑　三代目となる現在の酔月さんはやきものを通して芸術文化を発信するとともに、陶芸クラブを運営し、人々の交流も図っているとのこと。

⑮伊賀留我神社（羽津）　延喜式内□伊賀留賀神社とあるが、□にはどんな文字が入るのか、興味をそそられる。

名港トリトン、右はセントレアまではっきりと確認できた。

垂坂山の東にある酔月陶苑。有名なので寄ってみるが、まさにお屋敷。敷居が高かった。後日調べるとやはり伝統工芸士であり、日本工芸会正会員で天皇陛下にも献上している作家であった。萬古焼といえばイコール土鍋だけではなかったことがよくわかった。

古代ロマンに思いを馳せる

酔月陶苑の住所が「南いかるが町」。これから行くのが「伊賀留我神社」。奈良にいるような感じがする。天智天皇逝去

⑯伊賀留我神社（羽津）　思ったより古い神社のようで、垂仁天皇の名があるので紀元前10年くらいからあるようだ。さらに壬申の乱にも関係するようだ。

⑰伊賀留我神社（茂福）　江戸時代前期に鵤村は南北二村に分かれ、北は桑名藩の茂福村に、南は忍藩の羽津村に属することとなった。どちらが本社かは不明。

⑱天武天皇迹太川御遥拝所　大海人皇子が壬申の乱の際、大和から伊賀、伊勢を経て美濃へ行く途中に、この地から伊勢神宮を遥拝し、戦勝祈願をしたと伝わる。

⑲久留倍官衙遺跡　壬申の乱や聖武天皇の東国行幸などの史実との関連も注目されており、考古学のみならず古代史研究にも重要な遺跡が整備中。

後、吉野に出家していた大海人皇子（天武天皇）が近江宮の大友皇子（弘文天皇）と戦うため関ケ原の不破の関に向かう経路がまさにココであり、壬申の乱にゆかりの土地だと勝手に思い、妙に気持ちが高鳴る。

伊賀留我神社は羽津と茂福に2つある。その関連性はよくわからないが、北にある伊賀留我茂福神社からすぐ北に天武天皇迹《と》太川《おおがわ》御遥拝所《ごようはいじょ》がある。大海人皇子が壬申の乱の際、不破の関に向かう途中で伊勢神宮に遥拝し、戦勝祈願したと伝えられる遺跡だ。筆者のロマンがさらに広がった。

ここからさらに北へ向かい、国道1号北勢バイパス沿いに広大な久留倍官衙《くるべかんが》遺跡（役所跡）が整備中で四日市は古代遺跡の名所になるかもしれない。

帰路は四日市港ポートビルを目指せば戻れるので安心。しかも追い風で楽に走れた。到着後は2㎞直線が続く先に海釣り公園があるので寄ってみたが、戻りが「向かい風」になることを忘れていた。

⑳上海老茂福線　前方の赤い看板で隠れてしまっているが、四日市港ポートビルはここから約6㎞はあると思う。障害物もない広い平原という印象。

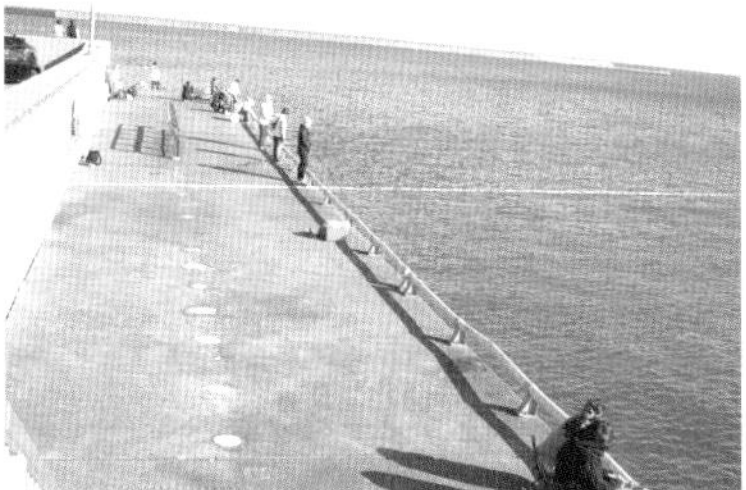

㉑霞埠頭海釣り公園　思ったより小さな釣り場だが、クロダイとカサゴ、アイナメ、シーバス釣りの好ポイントらしく、初心者からベテランまで楽しめる釣り場。

【自転車でぐるっと伊賀】【三重】

忍者の町として有名な伊賀は実は芭蕉翁の生まれた町だった

やっぱり伊賀の中心は伊賀上野城

忍者の故郷「伊賀市」は北東部は鈴鹿山系、南西部は大和高原、南東部を布引山系に囲まれた盆地であり、森林が62％を占める山国である。その中心になるのが藤堂高虎が築いた伊賀上野城であろう。大動脈の国道25号（名阪国道）からもよく見える。また伊賀鉄道伊賀線「上野市駅」は2019年2月22日の忍者の日（ニャンにゃんニャンのネコの日かと思った）に「忍者市駅」とニックネームができた。自治体もいろいろ工夫して観光誘致しているのだなと思った。その忍者市駅北東（市役所東）にあるだんじり会館が今回のスタート地点。

忍者の貸し衣裳とおみやげの店かと思いきや、上野天神祭のだんじり3基と全

❶上野市駅（忍者市駅）　伊賀鉄道は「関西本線「伊賀上野」駅と近鉄大阪線に接続する「伊賀神戸」駅を結ぶ。その途中に「上野市」駅があるので、「伊賀上野」駅と間違える人もいる。

❷だんじり会館　上野天神祭のだんじり3基と珍しい鬼行列を展示され、忍者衣装を貸し出す「忍者変身処」や「地場産買物処」が併設されている。

◉スタート場所…だんじり会館
◉走行距離／所要時間…約14㎞／3・5時間
◉子連れOK度…★★★
◉総合難易度……★★

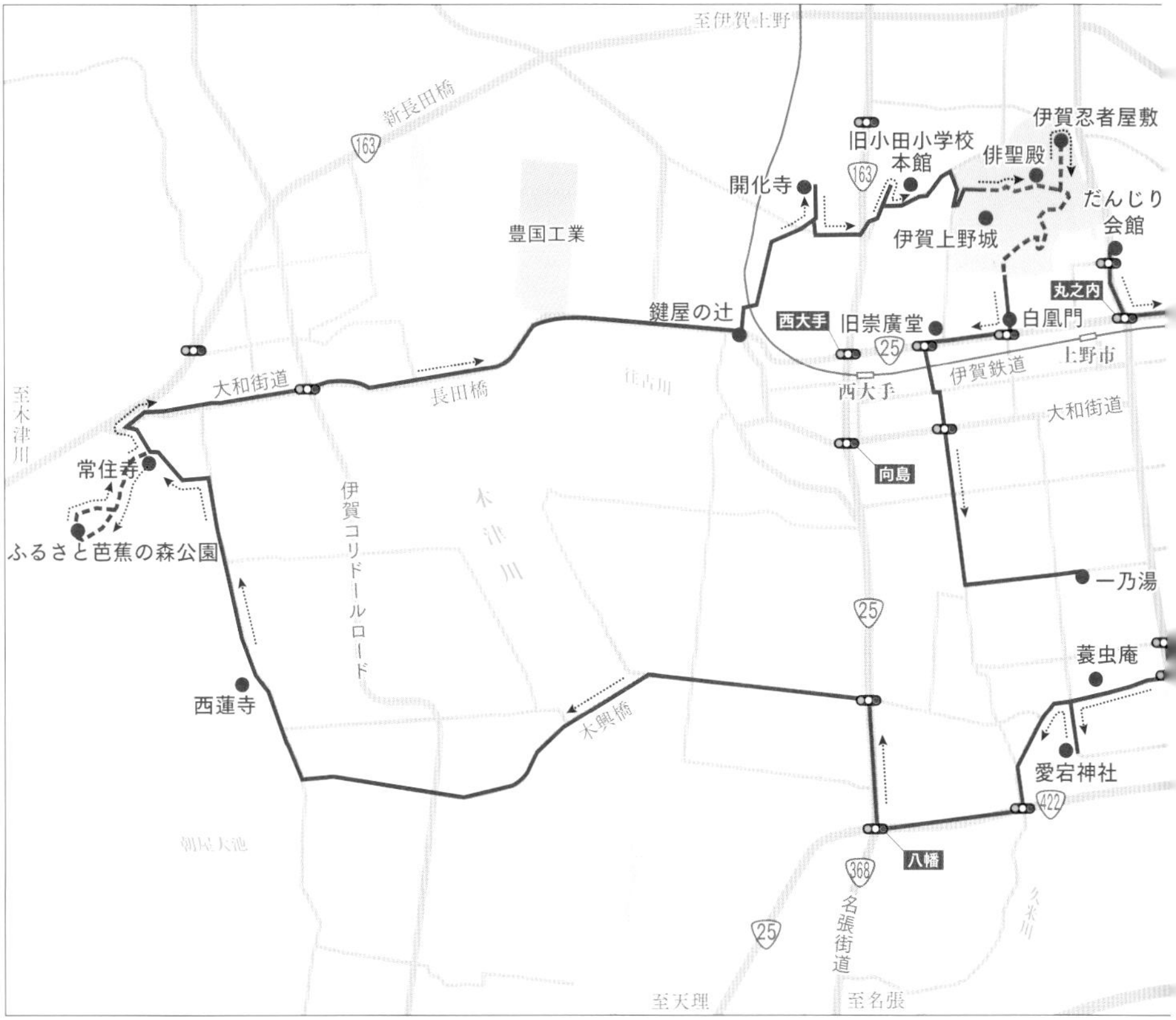

【コース】だんじり会館→ 0.6㎞→芭蕉翁生家→ 0.3㎞→愛染院→ 0.5㎞→上野天満宮→ 0.5㎞→上行寺→ 1.2㎞→蓑虫庵→ 0.2㎞→愛宕神社→ 3.1㎞→西蓮寺→ 1.2㎞→常住寺・ふるさと芭蕉の森→ 2.1㎞→鍵屋の辻→ 0.5㎞→開化寺→ 0.4㎞→旧小田小学校本館→ 0.8㎞→俳聖殿→ 0.8㎞→旧崇廣堂→ 1㎞→一乃湯　（総長約 13.2㎞）

❹愛染院　芭蕉の命日 10 月 12 日には門弟たちによる「しぐれ忌」が今も催されているとのこと。前面の道路は狭く交通量が多いので危険。

❸芭蕉生家　松尾芭蕉が幼少の頃に過ごしたとされる木造建築物で、現在は構造上の問題で中に入ることはできなかった。

国的にも珍しい鬼行列を再現展示しているとのこと。いろいろな表情の鬼たちが、秋の城下町を歩くという。観てみたいものだ。

❺すき焼き金谷　昭和初期の建物の個室でいただくすき焼きは割り下なしで砂糖と地元の醤油だけで焼く。大根おろしでいただくヒレ肉のバター焼きも絶品。

昭和の雰囲気を感じながら…

津から延びている国道163号を左折すると、すぐに芭蕉翁生家がある。案内がなければ通りすぎてしまうほど溶け込んでいる。そして芭蕉の遺髪が眠る愛染院に芭蕉翁故郷塚もすぐ近くにある。

市街地に向かう。情緒ある古い建物が両側に並ぶ。有名な元祖伊賀肉「すき焼き金谷」の先は城下町特有の鍵の手があり、踏切がある。この辺りは昭和に戻ったような雰囲気で妙に懐かしい風景だ。その先にこんもりとした木々が見える。ひょっとして上野天神宮か。「懸社菅原神社」とあるが、古くは上野山で農耕神祇に発祥する神々を祀る神社であり、藤堂高虎による城下町建設の際、城郭鎮守として祀られ、通称天神さんと呼ばれるようになったとか。上野天神祭は関西秋の三大祭のひとつで、だんじり行事が「山・鉾・屋台行事」のユネスコ無形文

❻鍵の手　城下町に見かける枡形（鍵の手）がわかる商店街。正面の石碑は伊賀街道起点の碑。手前はランチしたイタリアン「citta」。

❼上野天満宮（菅原神社）　芭蕉の処女句集「貝おほひ」を奉納したことでも知られている。旧上野町6千戸の産士神として牛馬の守護神としても崇敬されている。

❽菅原神社（上野天満宮）　太宰府天満宮と同じ紋があるうえに「撫で牛」も。まさしくここは天満宮。お社の造りも太宰府のそれとよく似ている。

化遺産に登録されたそうだ。鐘楼と楼門も江戸時代に建てられ、県の指定文化財に指定されている。また芭蕉が29歳の時、江戸に発つ前に処女句集「貝おほひ」を奉納したことで文学の神として崇敬もされている。反対側に回って天神商店街の天井もおもしろい。

南に向かうと白壁が続く寺町通り。城下町を守るために7つの寺が配置され、上行寺には藤堂家の墓所もあった。

茅町駅を西へ向かう。石垣の上にドリルの先端のような丸太が規則正しく並べられた一風変わった塀は、芭蕉が帰郷した際に宿泊する門人・服部土芳の草庵「蓑虫庵」。そして情緒のある町並みだけど迷いそうな道を抜ける。国道422号を横断すると、風景はいきなり田園地帯の直線道路。この先何があるのか不安にな

❾寺町通り　上行寺、妙典寺、妙昌寺、萬福寺、善福院、念佛寺、大超寺の７つの寺院が集まる白壁が続く通り。

❿天神通り商店街　外観からは商店街とは思えないつくり。内部はかまぼこ型の天井に上野天満宮の鬼行列の写真で祭のあらましがわかるようになっていた。

⓫蓑虫庵　芭蕉帰郷の際、門弟の庵を一時の住居とし、無名庵、西麓庵、東麓庵、瓢竹庵、蓑虫庵を芭蕉五庵とされ、現存する唯一の庵。

⓬寺町通り　鍵屋の辻で敗れた河合又五郎の墓所がある萬福寺や藤堂家墓所の上行寺より、門の彫刻や組物が印象的な念佛寺がよかった。

⓭愛宕神社　「火の神」を祀る愛宕神社の境内に末社として忍者神社（忍之社）なるものがあった。東照宮のような極彩色の社が美しかった。

⑭西蓮寺　国指定重要文化財「絹本著色藤堂高虎像」が所蔵されている最澄の創建の寺。長い石段の下からも上からも紅葉を楽しめるそうだ。

⑮ふるさと芭蕉の森公園　芭蕉の句碑が10基建てられている公園。自転車が通行できなかったのでパスしたが、伊賀市内が眺望できる展望台にいけばよかった。

りそうだが、快適に走れるし、どこからでも伊賀上野城が見えるので安心。木津川を渡り、とにかくまっすぐ進み、道が細くなったので左折すると漆喰塀の西蓮寺。集落の中の細い道を北進、小学校を越えてすぐに「ふるさと芭蕉の森」の看板。突き当たりの駐車場を右へ行くと常住寺。本尊が閻魔王のという数少ない寺のひとつ。正面の急な坂道を上ると俳句の庭とあ

⑯常住寺からの眺め　高台にあり、ここから伊賀市内を見る。閻魔天に祈願する修法地に閻魔堂が建てられ平野山常住寺とされたといわれている。

⑰鍵屋ノ辻　「みぎいせみち　ひだりなら道」と刻する奈良街道と小田新居への道が交差する辻。日本三大仇討の1つ《伊賀越仇討》の舞台となった。

⑱レンガトンネル　茅町駅と桑町駅間にレンガ造りの長さ数メートルの伊賀線唯一のトンネルがあるが、ここは伊賀線がトンネルの上を走っている。

⑲開化寺　安政大地震により地盤沈下し、河川氾濫の水害により、称念寺と東小田村の福寿院の二ヶ寺を合寺。小さな三重塔が美しい。

⑳国道422号アンダーパス　開化寺から短いが上り坂が続く。自転車を担いで道の正面の階段を上ったが、道なりに進めばスロープになって続いていた。

㉑旧小田小学校本館　正面はエンタシス風の円柱を用いた木造洋風二階建て寄棟造り、屋根は桟瓦葺き。懐かしい昔の教室の復元や、教科書などを展示。

㉒伊賀上野城高石垣　大坂城に次ぐ高さを誇る高石垣は根石より天端石（てんばいし）まで高さ29.7m。1611年に「打込接ぎ」の技法で築かれた石垣。

り、展望台からは伊賀上野城が正面に見えて、盆地中央の小高い山の上になぜ築城したのか一目瞭然。

ゴールはレトロ銭湯へ

田園の中を城を目指して引き返す。鍵屋ノ辻を左折し、伊賀線の小さな隧道をくぐる。「竹の道」と呼ばれる道だ。左手に三重塔と大きな屋根が見えるのは開化寺。安政年間の水害で2つの寺が沈み、明治時代に合寺して「文明開化」から命名したとか。急坂を上り、国道422号の隧道をくぐり、城の方へ向かう途中、左手に現存する小学校校舎としては三重県最古の旧小田小学校本館がある。

石垣に沿って上る。登りきったところでスイッチバック。右手に堀を眺め、先には茅葺きの屋根が突き出して見える。芭蕉翁の旅姿をあらわす聖堂「俳聖殿」だ。なるほど旅がさに箕と衣装のようなイメージだ。八角形の上に円という建築様式は直感

㉓俳聖殿　上層の屋根が笠、下部が顔、下層のひさしは蓑と衣姿、堂は脚部、回廊の柱は杖と脚を表す。1942年建築家伊東忠太の設計で建設。

㉔上野西小学校の塀　伊賀上野城のまえにある小学校の塀だが、あまりにも美しく見事。校舎の屋根と塀の垂直の木材のコントラストがなんとも言えない。

㉕白凰門　実際には存在しない伊賀上野城の櫓門らしいが、城へと続く道が桜の名所として知られる。

㉖旧崇廣堂　伊賀、大和、山城の藩校。創建当時のままの講堂、赤門と呼ばれる表門、藩主が出入する御成門、書物蔵などが現存するのは貴重。

的に違和感を感じるが、眺めていると実に美しく感じてくる。

お城と忍者屋敷はパスして石畳を南へ。左に塀と瓦屋根が美しい上野西小学校、右に上野高校の間の道を国道１６３号手前に白凰門。そして藩士の子弟を教育するために建てられた藩校「旧崇廣堂」の正面の道を真っすぐ５００ｍくらい進むと、左手に白い看板で「一乃湯」とある。入口の昔の郵便ポストと花崗岩の門柱が目印のレトロな銭湯が本日のゴール。

㉗一乃湯　全国からファンが訪れる三重県屈指の人気銭湯。国の文化財にも登録されている。寄席や展覧会などが開催されることもある。

㉘【座ってだーこ】
おそらく待ち合いに使われるであろう古民家の商店の軒先に置かれた、倒したらベンチになる「座ってだーこ」。まぁ、座って、座ってというような意味らしい。FOOD マーケットの女性スタッフたちがおくる伊賀市に特化した情報ブログがあり、それを「だーこ」ともいう。

㉙【電話ボックス】
上野高校前にあった使われていない電話ボックス。俳聖殿のカタチをしていてなかなかユニークだが、そのうちなくなるかもしれない。

【column】パンク修理を自分でしてみよう

パンク修理の手順

【走行中パンクしたら素早く】
① タイヤをフレームから外す
② ブレーキを外す
③ タイヤの空気を抜く
④ タイヤを外す
⑤ チューブをホイールから外す
⑥ 新しいチューブと交換する
⑦ チューブとタイヤを元に戻す
⑧ ホイールをフレームに戻す

【さらに2回目のパンクをしてしまったら修理しかない】
① タイヤをフレームから外す
② ブレーキを外す
③ タイヤの空気を抜く
④ タイヤを外す
⑤ チューブをホイールから外す
⑥ チューブの空気が漏れている場所を探す
●チューブにポンプで空気を入れて膨らませる
●バケツに水を入れて、空気を入れたチューブを水に浸し、気泡が出ている場所を確認する
●気泡が出ている場所を見つけたら、赤ペンで印を付ける
⑦ タイヤの内側の異物を探す
⑧ チューブにパッチを貼って、穴を塞ぐ
●チューブの空気を抜いて、穴付近の水分を拭きとる
＊拭く物にはオイルが付いていないきれいなものを使う
＊チューブ表面にオイルがついてしまった場合、パッチがはがれやすくなる
●パッチがはがれにくくするため穴付近を中心にヤスリがけをする
＊紙ヤスリはパッチを購入すれば付いている
●タイヤレバーなどでパッチを上からこすりつけ、チューブとパッチをしっかり密着させる
●チューブに空気を入れ、時間を置いてチューブがしぼんでいないか確認する
⑨ チューブとタイヤを元に戻す
●最初にホイールに空いているバルブ穴にバルブを差し込む
●格納の際はチューブがねじれないようにし、タイヤとホイールの間にチューブが挟まれないように注意する
●はめ込み最後はスムーズにはめ込めないので力いっぱい押し込む
⑩ ホイールをフレームに戻す

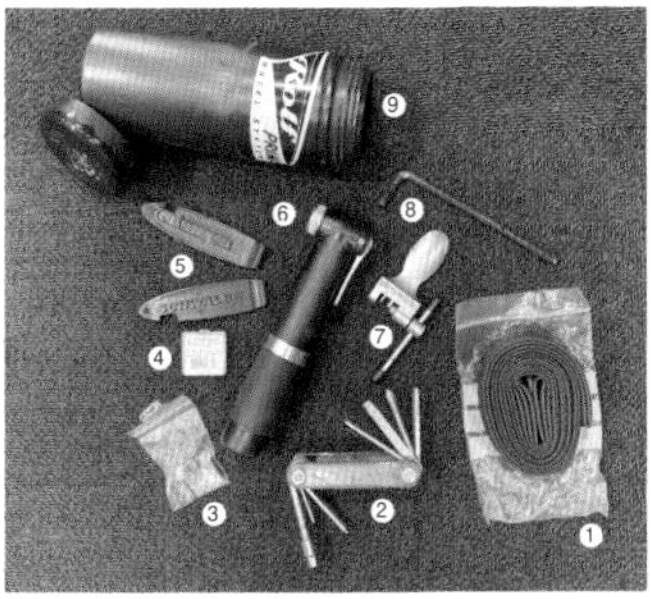

パンクした時、「これだけあれば大丈夫セット」。
①チューブ
②自転車工具セット（六角レンチ、ドライバーなどがセットされている）
③バルブセット（虫ゴム、バルブ）
④イージーパッチキット
⑤タイヤレバー
（③〜⑤）セットになっていることが多い
⑥携帯ポンプ
⑦チェーンカッター（チェーンの接続箇所を外す・繋ぐ工具）
⑧六角レンチ（②にはない大きさが必要な場合）
⑨ケース（①〜⑧を収納するテキトーな入れ物）
他にCO_2ボンベ（差し込むだけでパンク修理できちゃいます）があるとポンピングしなくともよいが、少し技術がいるかも…。

【京阪石山本線を制覇する】

ビワイチするのも楽しいが鉄道路線を制覇するのも充実感

【滋賀】

◉スタート場所…石山寺
◉走行距離／所要時間…約30㎞／7・5時間
◉子連れOK度…★
◉総合難易度……★★★

琵琶湖畔の歴史の舞台をゆく

石山寺は紫式部が琵琶湖面に映る月を眺めて「今宵は十五夜なりけり」と書き出した「源氏物語」ゆかりの寺で知られている。今回はここからスタート。この周辺は「瀬田川ぐるりさんぽ道」という10㎞くらいのポタリングに最適な道もあるが今回はパス。700mくらいで壬申の乱、承久の乱や本能寺の変など数々の歴史の舞台となった瀬田の唐橋。国道1号のガードをくぐると右手にはきれいな並木が続く湖岸道路。ここは路肩も広いし、歩道も広いので快適に走れる。駐車場などで分断されている箇所もあるが、海岸ギリギリに遊歩道もある。ここで一言。今回はいわゆるビワイチ（琵琶湖一周コース）と逆方向に進むので、車道上にブルー

❶石山寺　多宝塔は昔の切手に描かれていたのを記憶している。8時45分だったので、門が閉ざされていて参拝できなかった。

❷瀬田川ぐるりさんぽ道　瀬田の唐橋から瀬田川洗堰まで瀬田川沿いに一周するコース。ジョギングを楽しむには良いコースであろう。

❸瀬田の唐橋　京都の宇治橋、山崎橋とならび日本三名橋・日本三古橋。1889年（明治22）まで瀬田川に架かる唯一の橋だった。一周193㎞ビワイチの終点。

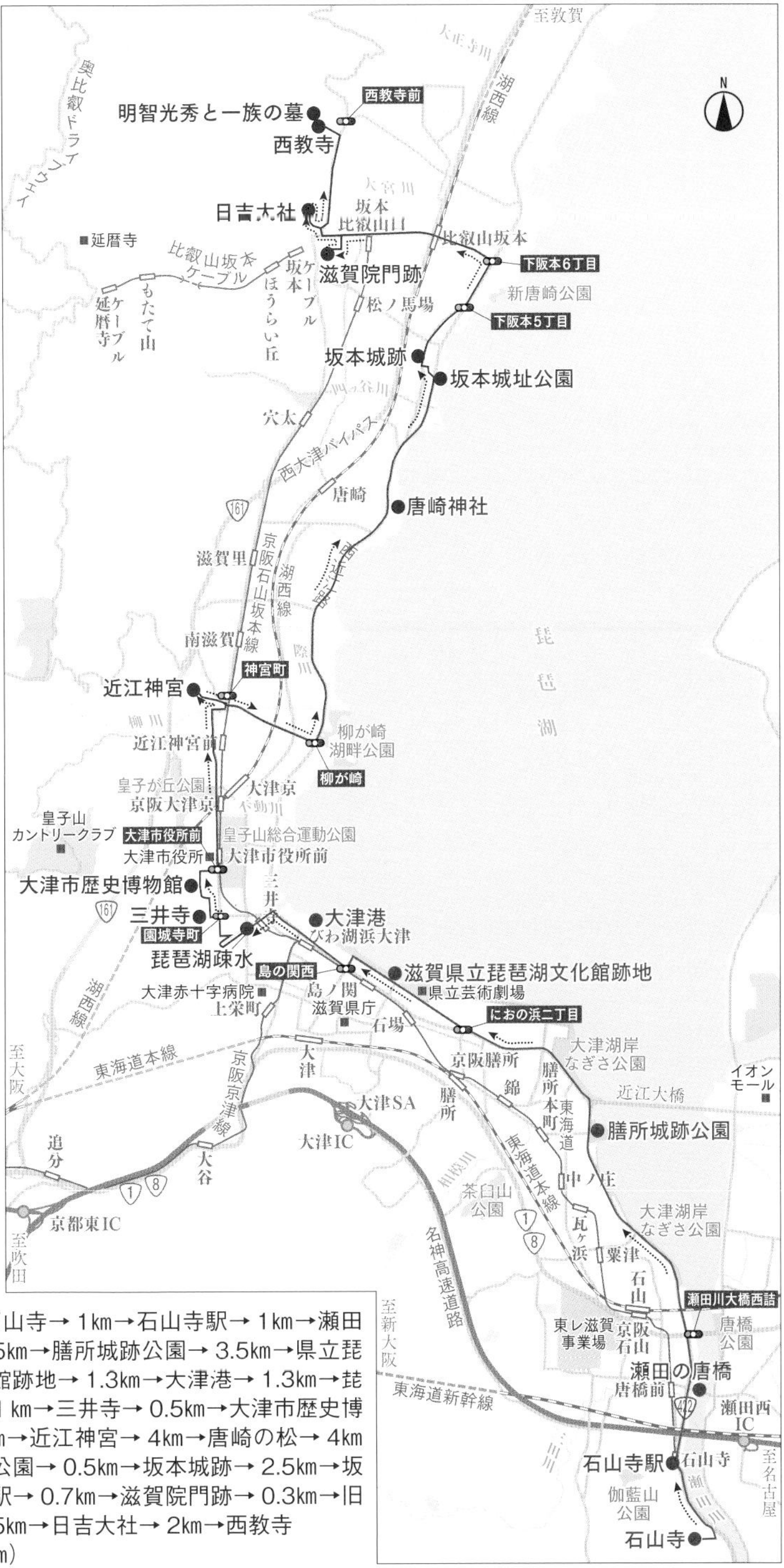

【コース】石山寺→1km→石山寺駅→1km→瀬田の唐橋→3.5km→膳所城跡公園→3.5km→県立琵琶湖文化会館跡地→1.3km→大津港→1.3km→琵琶湖疏水→1km→三井寺→0.5km→大津市歴史博物館→2.2km→近江神宮→4km→唐崎の松→4km→坂本城址公園→0.5km→坂本城跡→2.5km→坂本比叡山口駅→0.7km→滋賀院門跡→0.3km→旧竹林館→0.5km→日吉大社→2km→西教寺
（総長29.8km）

❺膳所城跡公園

❼大津港　かつて豊臣秀吉が築いた大津港は水運の要衝として栄えたが、現在でも遊覧船「ミシガン」の発着をはじめ、琵琶湖のターミナル港。

❼琵琶湖疏水　琵琶湖の水を京都へ流すため明治時代につくられた水路（疏水）。今の京都があるのもこの疎水のおかげと言っても過言ではない。

❹膳所城跡公園　里謡に「瀬田の唐橋からねぎぼし、水に浮かぶは膳所の城」と謡われた美しい城だった。現在は膳所城跡公園として城門だけ残っている。

❻湖岸道路　湖に最も近いところを走っているのでビューポイントがはたくさんある。市民の憩いの場であり、釣りやウオーキングなどを楽しんでいる。

❽県立琵琶湖文化館　城を思わせる3層5階建て。かつて近代美術館や淡水魚水族館、プールのある総合博物館だったが2008年から休館している。

ラインや矢羽根がない。要注意。近江大橋手前に「膳所《ぜぜ》城跡公園」。藤堂高虎が築城した美しい城だった。現在は城門が重要文化財となっている。続いて城のような建物が見えてくる。県立琵琶湖文化館。現在は使われていないらしく、何か活用できそうなのに立ち入り禁止となっていた。一帯は大津市の中心街となり、にぎやかだ。ホテルやマリーナなど、ちょっとした海辺のリゾートのような錯覚さえする。

伝統ある古刹は秋がおすすめ

橋に差し掛かる手前を左折して琵琶湖疏水沿いをぐるりと回って三井寺《みいでら》へ向かう。もともと三井寺は園城寺といい、天智・天武・持統天皇の産湯に使われた霊泉があり「御井の寺」から三井寺となったとか。また「三井の晩鐘」は日本三大名鐘として有名。とにかく伝統ある古刹なので、紅葉が美しい秋にゆっくりと訪れたい。

大津市歴史博物館と市役所の前を通り過ぎて、緩やかな上りを進んでいく。やがて森に突き当たり、左折。木立の中を上っていくと近江神宮に到着する。

近江神宮の御祭神は、近江大津京に遷都した天智天皇ということは知っていた

⑩三井寺　日本三不動のひとつである黄不動で著名な寺院。金堂の本尊として弥勒菩薩が祀られているが、絶対の秘仏であり見ることができない。

⑪三井寺晩鐘　姿の立派な宇治平等院の鐘、由緒正しい高雄神護寺と並んで、音色の美しさで認められている三井寺の鐘の音。

⑫三井寺霊泉　天智、天武、持統の三天皇が産湯に使ったといわれる泉。左甚五郎作の龍の彫刻が有名。ゴボゴボと水が湧く音がしていた。

⑬三井寺三重塔　大和の比蘇寺の東塔を豊臣秀吉が伏見観月橋に移築。その後、徳川家康が三井寺に寄進した室町時代の建築物。この塔の端に映画「るろうに剣心」で佐藤健が飛び降りた橋がある。

⑭近江神宮　戸籍制度、学校制度、税金制度など、今に続く日本の基盤を1200年も前につくった天智天皇が御祭神。

⑮唐崎の夜雨　初代の松は1581年の大風によって倒れ、二代目は大津城主新庄駿河守直頼が1591年に植えた。1921年に枯倒、現在の松は三代目。

⑯坂本城址公園　豪壮華麗で信長の安土城に次ぐ城といわれたが、「本能寺の変」後、城は10年で落城。城内に琵琶湖の水を引き入れた城郭だった。

⑰城址公園南の山王鳥居　笠木の上に、山形に交差させた合掌を置いた鳥居が琵琶湖に向かってポツリ。日吉大社の鳥居の形式が元らしい。

が、創建は1940年、昭和天皇が皇紀2600年を記念して創建したことに驚かされた。また小倉百人一首の並び順は作品の古い順（実は知らなかった）で天智天皇の歌が一番古い。その天皇を祀る神宮で開催される競技かるたの名人位などもあり、ここは「かるたの聖地」でもある。天智天皇が「時間」ということを初めて国民に知らしめたことにちなんで建てられた時計館もある。

琵琶湖は景色のいい場所がたくさんある。とくに近江八景といわれるうちの唐崎神社の社殿後方に広がる松の大樹が臥龍のごとく伸びる枝に雨が降る風景を雄大に描いた広重の浮世絵から「唐崎の夜雨」と名づけられている。古くは柿本人麻呂や松尾芭蕉の句にも登場している。今回は、すでに「石山の秋月」「瀬田の夕照」「三井の晩鐘」と合計4景を通り過ぎてきたわけだ。

明智光秀ゆかりの地へ

北上する。NHK大河ドラマ「麒麟が

くる」の主人公「明智光秀」の坂本城へ。城址公園には光秀の石像や歌碑がある静かな公園。本丸跡も坂本城跡もひっそりと石碑だけだが残っていた。この坂本という町は、城の石垣などをつくった穴太衆《あのうしゅう》と呼ばれる石工集団の出身地で、比叡山延暦寺の僧侶の住居「里坊」をはじめ、随所に穴太衆の石垣が残されている。そして延暦寺と日吉大社の門前町とのことだ。

京阪石山坂本線「坂本比叡山口」駅を通り過ぎる。スタートが「石山寺」駅なので全制覇したわけだ。気分はずいぶん遠くまで走ってきたなと思いつつ、メーターを見ると26㎞。石垣の家が所々にある。行き先に鳥居が見えてくる。気づけば日吉大社の参道だ。途中に「滋賀院門跡」の看板。見事な石垣が目に入る。滋

⑱坂本城址　坂本城二の丸の南端に建つ坂本城址の碑。二の丸の堀は廃城後南北を貫く大道になっている。

⑲坂本比叡山口駅　京阪電鉄石山坂本線の終着駅。京阪全駅の中で最も北に位置する。明かりとりのあるプラットホームの屋根が美しい。

⑳滋賀院門跡　小堀遠州により作庭されたと伝わる池泉鑑賞式庭園が有名で、国指定名勝「延暦寺坂本里坊庭園」のひとつだが、撮影禁止だった。

㉑滋賀院門跡石垣　穴太衆積みの石垣と白壁をめぐらした堂々とした構えは、延暦寺の本坊らしい。広い境内に内仏殿・宸殿・書院・庫裏・土蔵など建ち並ぶ。

㉒日吉大社　東本宮、西本宮を中心に山王二十一社と総称される広い境内。日吉・日枝・山王神社の総本社。通称として山王権現とも呼ばれる。

賀院は延暦寺の本坊とか。

日吉大社には変わった形の鳥居があると聞いているが、ここまでの上りはきつかったので、門前でパス。山王鳥居という、城址公園横にあった形。名古屋市中川区の日吉神社も同じ形らしいので確かめてみよう。

ここまで来たら、少し先の坂本城主明智光秀のゆかりの寺「西教寺」まで行くことに決める。創建は聖徳太子とされるが、織田信長の焼き討ちによって焼失、光秀によって復興された。本堂正面西には「明智光秀公と一族の墓」もある。この坂本一帯では猿は神様の使いとされ、屋根の上には猿の像を多く見かける。また宗祖太子殿の唐門からの琵琶湖の眺めはカメラマンの人気フォトスポットとか。今回のポタリングというかサイクリングは「観る場所」満載で、充実感いっぱい。大津、いいトコだった。

㉓西教寺宗祖大師殿唐門　龍や獅子など多彩な彫刻、彫物欄間や板欄間、精緻な飾金具など、華やかな造形が額縁となって琵琶湖が見られる撮影ポイント。

㉔西教寺　比叡山焼き討ちの際、西教寺も焼失。光秀は坂本城主として坂本一帯を復興、西教寺大本坊を造築するなど明智との縁が深い寺。

㉕明智光秀公と一族の墓　山崎の合戦に破れた光秀一族とともに葬られたと言われている。のちに坂本城から坂本城の城門と陣鐘が寄進されたとのこと。

㉖【近江のみたらし】
唐崎神社の向かいにあるみたらし屋。「御手洗団子」といい、唐崎神社が発祥と説明された。京都下鴨神社の「御手洗祭り」で氏子が作ってお供えしたのが始まりともされているが、どちらでもよくて、ここのみたらしは下鴨神社のそれより味が濃い。どちらもタレ付きで美味しいのだが、しょうゆ味は高山なのか、大須なのかとは違う次元かもしれない。

［著者略歴］
木村雄二（きむら・ゆうじ）
愛知県立千種高校卒業、東京デザイナー学院卒業
住宅メーカー勤務後、株式会社企画室雄設立
月刊CHEEK、月刊CALACO MAMA（ともに流行発信社）、月刊ケイコとマナブ東海版（リクルート）のアートディレクター等をへて、グラフィックデザイン、エディトリアルデザインを専門とする。著書に『ぐんぐん走ろう！東海自転車旅』（風媒社）がある。
2002年NPO市民・自転車フォーラム設立。愛・地球博レンタサイクル事業を皮切りに瀬戸市、長久手市、名古屋市、春日井市、刈谷市等の自転車マップ制作。また、自転車をより楽しく乗っていただくことを啓発するために、2002年より毎年「市民サイクルパラダイスin日間賀島」を開催。随時、各自治体と協働で「自転車散歩」を開催している。

◉協力
後藤康之　宮澤建　芦葉和昭
他　市民・自転車フォーラムの仲間たち

【特定非営利活動法人 市民・自転車フォーラム】
自転車の楽しみ方・ルール・マナーを共に考えながら積極的な利用促進とライフスタイルの提案、さらに新しい都市交通システムとしての「自転車の活用」を推進するために自転車マップ等の制作、また自転車に乗ることが満喫できるようなイベントの開催等を通じて「自転車利用環境整備づくり」をめざしている団体です。

装幀／三矢千穂

東海自転車さんぽ

2020年11月16日　第1刷発行　（定価はカバーに表示してあります）

著　者　木村　雄二
発行者　山口　章

発行所　名古屋市中区大須1丁目16番29号
電話 052-218-7808　FAX052-218-7709
http://www.fubaisha.com/
風媒社

乱丁・落丁本はお取り替えいたします。　＊印刷・製本／シナノパブリッシングプレス
ISBN978-4-8331-0194-3

木村雄二

ぐんぐん走ろう！東海自転車旅

自転車の楽しさをもっと実感してみよう！愛知・岐阜・三重・静岡・福井・滋賀の自転車旅コースをマップとともに紹介。お弁当ポイント、全走行距離、所要時間、難易度を示したマークなども掲載する。

一五〇〇円＋税

全国登山口調査会

東海登山口情報300

愛知・岐阜・静岡＋鈴鹿

東海エリアの登山口308箇所を網羅した待望のガイドブック。アクセスや道路状況、駐車場、トイレから通信状況、周辺施設、立ち寄り湯まで！登山計画に必携、必須の詳細情報を満載。

一八〇〇円＋税

加藤敏明

東海花の寺めぐり

信仰を育む山や森などの自然環境に恵まれた仏教寺院。その魅力は、永い歴史が育んだ自然美と人工美がほどよく調和した景観にある。四季の花々が醸し出す古雅なたたずまいを紹介する、こころ和む花の寺ガイド。

一五〇〇円＋税